# Mi primer
# ATLAS
## de
# animales

DK | Penguin Random House

**Texto** Jamie Ambrose
**Edición** Olivia Stanford
**Edición del proyecto** Allison Singer
**Edición del proyecto de arte** Hoa Luc
**Diseño** Rhea Gaughan

**Ilustración de los mapas** Jeongeun Park
**Cartografía** Ed Merritt, Simon Mumford
**Ilustración** Maltings Partnership, Molly Lattin, Bettina Myklebust Stovne, Oliver Magee
**Diseño adicional** Lucy Sims, Yamini Panwar
**Asistencia editorial** Prerna Grewal
**Coordinación de cubierta** Francesca Young
**Diseño de cubierta** Hoa Luc
**Edición ejecutiva** Laura Gilbert
**Edición ejecutiva de arte** Diane Peyton Jones
**Preproducción** Nikoleta Parasaki
**Producción** Niamh Tierney
**Dirección de arte** Martin Wilson
**Dirección editorial** Sarah Larter
**Dirección de publicaciones** Sophie Mitchell

**De la edición en español:**
**Servicios editoriales** Tinta Simpàtica
**Traducción** Eva Jiménez Julià
**Coordinación de proyecto** Helena Peña
**Dirección editorial** Elsa Vicente

Publicado originalmente en Gran Bretaña en 2017
por Dorling Kindersley Limited
DK, 1745 Broadway, 20th Floor. Nueva York, NY 10019
Parte de Penguin Random House

# CONTENIDOS

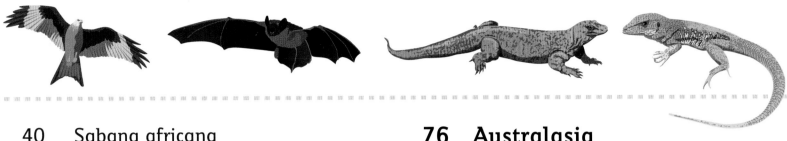

# CÓMO USAR ESTE ATLAS

Este atlas muestra mapas de diferentes países con los hábitats de los animales, es decir, el entorno donde viven. Aunque los animales no reconocen fronteras. También aparecen islas, ya que la fauna que habita en ellas suele ser endémica.

**Brújula**
La brújula siempre apunta al norte (N), igual que el mapa; muestra las direcciones sur (S), este (E) y oeste (O).

**Imágenes de animales**
Estas imágenes contienen descripciones de animales que habitan en la zona.

**Estados independientes**
Países pequeños, como Mónaco, aparecen con el borde y un punto rojos, y el nombre en mayúsculas.

**Ríos**
Los grandes ríos de cada país se señalan con líneas azules.

## MATORRAL MEDITERRÁNEO

En el litoral mediterráneo abundan los montes rocosos y las llanuras arbustivas. Este hábitat se halla en pocas zonas del mundo y las plantas y animales se enfrentan a un clima cálido y seco.

**Camaleón mediterráneo**
Es una de las dos únicas especies de camaleón de Europa. Con su lengua pegajosa atrapa insectos y duplica la longitud de su cuerpo.

**Polilla**
Al igual que los colibríes, este insecto bate las alas tan rápido que emite un zumbido. Se alimenta del néctar de flores como la buddleja y la madreselva.

*Día tras día, esta polilla volverá a una flor rica en néctar.*

**Lince ibérico**
Quedan menos de 900 ejemplares de este lince en estado salvaje. Es uno de los felinos más amenazados de la Tierra. Lo positivo es que son más del doble de los que había hace apenas unos años.

*Este felino caza un solo animal: conejos.*

Este lobo es más delgado y pequeño que otros europeos. Caza conejos, ciervos, jabalíes y peces.

Esta rana es verde o azul. Las ventosas en los dedos de las patas le permiten trepar con facilidad.

Este ciempiés paraliza a su presa con una mordedura venenosa; también produce dolorosas picaduras a los humanos. ¡Mantente lejos!

El chacal dorado vive en muchos lugares, como el sudeste de Europa, el norte de África y el sur de Asia.

El cuco pone los huevos en nidos de otras aves. Cuando el polluelo sale del cascarón, echa los demás huevos cuyos padres lo alimentan.

El alcornoque es uno de los pocos árboles que produce nueva corteza. De ella se obtiene el corcho con el que se fabrican tapones para botellas y otros objetos.

La urraca es tan inteligente que fabrica herramientas. Come insectos y semillas, e incluso roba huevos de otras aves.

Además de emitir otros sonidos, este pelícano ladra y silba. Llena el pico de agua y peces. Escurre el agua y a continuación se traga el pescado.

Esta tortuga herbívora vive en Grecia, en zonas espinosas, rocosas y matorrales.

Este mono vive en el norte de África y en el peñón de Gibraltar, al sur de España. Es el único mono salvaje de Europa.

Este cerdo es un animal de granja que vive en campo abierto. Se nutre de raíces, setas y bellotas.

Con ocelos de color azul como zafiros, es el lagarto más grande de Europa y alcanza los 60 cm de largo.

Especie de cabra salvaje, el macho tiene cuernos de hasta 75 cm.

**HÁBITATS**
- Matorrales
- Humedales
- Montañas
- Bosques de coníferas
- Bosques de hoja caduca

**ESCALA**
0     200 km

**Conejo europeo**
El conejo europeo es el antepasado de todos los conejos domésticos del mundo. A diferencia de su enemigo el lince ibérico, el conejo se ve en jardines y parques urbanos.

**Ubicación**
Esta región incluye el sur de Europa alrededor del Mediterráneo, y las islas que comparten un hábitat similar, como Creta.

**Salamanquesa rosada**
Esta pequeña salamanquesa nocturna mide unos 10 cm de largo y pesa como un terrón de azúcar. Trepa por paredes y árboles para atrapar cucarachas y polillas.

Etiquetas del mapa: FRANCIA, MÓNACO, SAN MARINO, Zagreb, CROACIA, Chacal dorado, Belgrado, RUMANÍA, Escolopendra, ITALIA, Sarajevo, BOSNIA Y HERZEGOVINA, SERBIA, Ranita meridional, Roma, CIUDAD DEL VATICANO, MONTENEGRO, Podgorica, Pristina, KOSOVO, ANDORRA, ESPAÑA, Alcornoque, Tirana, Skopie, MACEDONIA, BULGARIA, Lagarto ocelado, ALBANIA, Pelícano ceñudo, GRECIA, PORTUGAL, Lobo ibérico, Madrid, Cuco, Urraca, Tortuga marginada, Atenas, Lisboa, Cerdo ibérico, Cabra montés, Macaco de Gibraltar, MAR MEDITERRÁNEO, Mallorca, Cerdeña, Córcega, Sicilia, MAR ADRIÁTICO, MALTA, Creta, Ebro, Tajo, Garona, Ródano

56

57

**Capital**
La capital de un país se indica con un contorno rojo. Algunos países tienen más de una capital.

**Escala**
Indica el tamaño de las zonas y distancias entre los distintos puntos del mapa.

**Ubicación**
Este recuadro muestra la localización de una zona en relación con el entorno.

**Hábitats**
Cada mapa tiene una leyenda que destaca los distintos hábitats de la zona.

**Continentes limítrofes**
En algunos mapas aparecen partes de los continentes limítrofes en color crema.

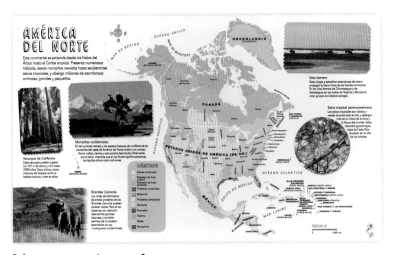

## Mapas continentales

Los mapas de los continentes muestran los biomas de cada continente. Un bioma es una determinada zona del planeta que comparte clima, fauna y flora. Las fotos muestran lugares con estos biomas.

## Hábitats característicos

Los hábitats característicos muestran un lugar determinado y algunos de los animales que viven en él. No todos pueden verse al mismo tiempo, pues están activos a distintas horas para evitar que otros se los coman.

## Hábitats

Estos símbolos y colores muestran los diferentes hábitats en cada mapa.

**Montañas**
Zonas altas y escarpadas que suelen estar cubiertas de nieve.

**Coníferas**
Las hojas de estos árboles son perennes y tienen forma de aguja.

**Humedales**
Zonas pantanosas y cenagosas, como el Pantanal de Brasil.

**Desierto cálido**
Zonas secas y arenosas, como el Sáhara, con poca vegetación.

**Mares y océanos**
Grandes masas de agua que rodean los siete continentes de la Tierra.

**Manglares**
Estos árboles crecen en costas de agua salada. Sus largas raíces sobresalen del agua.

**Praderas templadas**
Llanuras cubiertas de hierba y con pocos árboles de zonas templadas, como la pradera, la estepa y la pampa.

**Desierto frío**
Zonas secas con bajas temperaturas, como el Gobi, en Asia.

**Selva tropical**
Bosques húmedos y cálidos con árboles muy altos, como el Amazonas.

**Arrecifes coralinos**
Estos arrecifes crecen en aguas poco profundas. Los forman animales coralinos.

**Praderas tropicales**
Llanuras cubiertas de hierba y con pocos árboles de zonas cálidas, como la sabana y el Cerrado.

**Hielo y nieve**
Zonas heladas en lo alto de las montañas y cerca de los polos norte y sur.

**Bosques de hoja caduca**
Los árboles de estos bosques pierden las hojas en otoño o en la estación seca.

**Matorrales**
En estas zonas crecen matas bajas y arbustos de poca altura, como en el sur de España.

## Fronteras

Las fronteras muestran cómo la tierra se divide en países.

**Fronteras nacionales**
Las fronteras entre países se muestran con una línea discontinua blanca.

**Fronteras en conflicto**
Algunas fronteras están en disputa entre países. Se muestran con una línea de puntos blancos.

**Fronteras continentales**
Una línea de puntos naranja señala la frontera entre continentes.

OCÉANO ÁRTICO

## AMÉRICA DEL NORTE

**Círculo polar ártico**
Esta línea señala dónde
acaba la zona templada
y empieza la fría región
polar del norte.

OCÉANO
ATLÁNTICO

OCÉANO
PACÍFICO

ÁFRICA

**Trópico de Cáncer**
En esta línea se sitúa el
límite septentrional de
los trópicos. Al norte se
halla la zona templada
del hemisferio norte.

**Ecuador**
Esta línea imaginaria rodea el
centro de la Tierra, dividiéndola
en dos mitades iguales, llamadas
hemisferio norte y hemisferio sur.

## AMÉRICA DEL SUR

# EL MUNDO

**Trópico de Capricornio**
En esta línea se sitúa el
límite meridional de los
trópicos. Al sur se halla
la zona templada del
hemisferio sur.

OCÉANO
ATLÁNTICO

Los hábitats de cada uno de los continentes
dependen del tiempo predominante, o clima,
de una zona. Cinco líneas imaginarias dividen
el mundo en tres zonas climáticas: la zona
tropical es cálida, las zonas polares, frías,
y las zonas templadas, estacionales.

**Círculo polar antártico**
Esta línea señala dónde
acaba la zona templada
y empieza la fría región
polar del sur.

OCÉANO ANTÁRTICO

OCÉANO ÁRTICO

**Zona polar**
Dentro de los círculos polares, cerca de los polos norte y sur, el clima es seco y gélido.

EUROPA

ASIA

**Zona templada**
En las dos zonas templadas los veranos son cálidos y los inviernos fríos. Muchos bosques pierden las hojas en otoño o en la estación seca.

OCÉANO PACÍFICO

**Zona tropical**
El área entre los trópicos, próxima al ecuador, es muy cálida. Aquí crecen muchas selvas tropicales.

OCÉANO ÍNDICO

AUSTRALASIA

Zona templada

OCÉANO ANTÁRTICO

Zona polar

ANTÁRTIDA

# AMÉRICA DEL NORTE

Este continente se extiende desde los hielos del Ártico hasta el Caribe tropical. Presenta numerosos hábitats, desde montañas nevadas hasta exuberantes selvas tropicales, y alberga millones de asombrosos animales, grandes y pequeños.

N
O · E
S

OCÉANO ÁRTICO

MAR DE BERING

MAR DE BEAUFORT

**ALASKA**
(ESTADOS UNIDOS)

Yukón

Territorios del Noroeste

Columbia Británica

Alberta

OCÉANO PACÍFICO

Washington          Montar

Oregón              Idaho

**ESTADOS UN**

Nevada        Utah

California

Arizona

### Secuoyas de California
Estas secuoyas pueden superar los 107 m de altura y vivir hasta 2000 años. Osos, búhos y otras criaturas del bosque, como la babosa banana, viven en ellas.

### Montañas occidentales
En las cumbres rocosas y los espesos bosques de coníferas de las montañas del oeste de América del Norte habita una variada fauna. Lobos, ciervos y osos pardos deambulan libremente por la zona, mientras que en los fiordos (golfos estrechos), las águilas calvas cazan salmones.

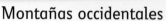

**HAWÁI**
(ESTADOS UNIDOS)

### HÁBITATS

Selvas tropicales

Bosques de hoja caduca

Bosques de hoja perenne

Praderas tropicales

Matorral

Praderas templadas

Desierto

Humedal

Tundra

Hielo

Manglares

### Grandes Llanuras
Los miles de kilómetros de áridas praderas de las Grandes Llanuras pueden parecer vacías. Pero si las observas con atención descubrirás grandes bisontes, y también perritos de la pradera escondidos en sus madrigueras subterráneas.

GROENLANDIA
(DINAMARCA)

## Islas barrera

Estas largas y estrechas extensiones de arena protegen la tierra firme de las fuertes tormentas. En las islas barrera de Chincoteague y de Assateague, en las costas de Virginia y Maryland, viven grupos de caballos salvajes.

## Selva tropical centroamericana

Las selvas tropicales son cálidas y verdes durante todo el año, y albergan más de la mitad de la flora y la fauna del mundo. Estos coloridos guacamayos rojos de Costa Rica se posan en lo alto de los árboles.

Nunavut

Terranova y Labrador

CANADÁ

Manitoba

Quebec

Saskatchewan

Ontario

Isla del Príncipe Eduardo

**SAN PEDRO Y MIQUELÓN** (FRANCIA)

Nuevo Brunswick

Nueva Escocia

Maine

Vermont

Dakota del Norte

Minnesota

Wisconsin

Michigan

Nuevo Hampshire

Massachusetts

Rhode Island

Connecticut

Nueva York

Dakota del Sur

Nebraska

Iowa

Illinois

Indiana

Ohio

Pensilvania

Nueva Jersey

Delaware

Maryland

DE AMÉRICA (EE. UU.)

Virginia Occidental

Virginia

orado

Kansas

Misuri

Kentucky

Tennessee

Carolina del Norte

**BERMUDAS** (REINO UNIDO)

Oklahoma

Arkansas

Alabama

Carolina del Sur

Misisipi

Georgia

Texas

Luisiana

Florida

OCÉANO ATLÁNTICO

GOLFO DE MÉXICO

BAHAMAS

**ISLAS VÍRGENES BRITÁNICAS** (REINO UNIDO)

**ANGUILA** (REINO UNIDO)

**SAN CRISTÓBAL Y NIEVES**

**PUERTO RICO** (ESTADOS UNIDOS)

**ANTIGUA Y BARBUDA**

**MONTSERRAT** (REINO UNIDO)

CUBA

**DOMINICA**

**MARTINICA** (FRANCIA)

HAITÍ

REPÚBLICA DOMINICANA

**ISLAS VÍRGENES DE ESTADOS UNIDOS**

**BARBADOS**

MÉXICO

**SANTA LUCÍA**

**SAN VICENTE Y LAS GRANADINAS**

JAMAICA

**GRANADA**

**CURAZAO** (PAÍSES BAJOS)

**TRINIDAD Y TOBAGO**

MAR CARIBE

BELICE

GUATEMALA

HONDURAS

**ARUBA** (PAÍSES BAJOS)

EL SALVADOR

NICARAGUA

COSTA RICA

PANAMÁ

ESCALA

0        1000 km

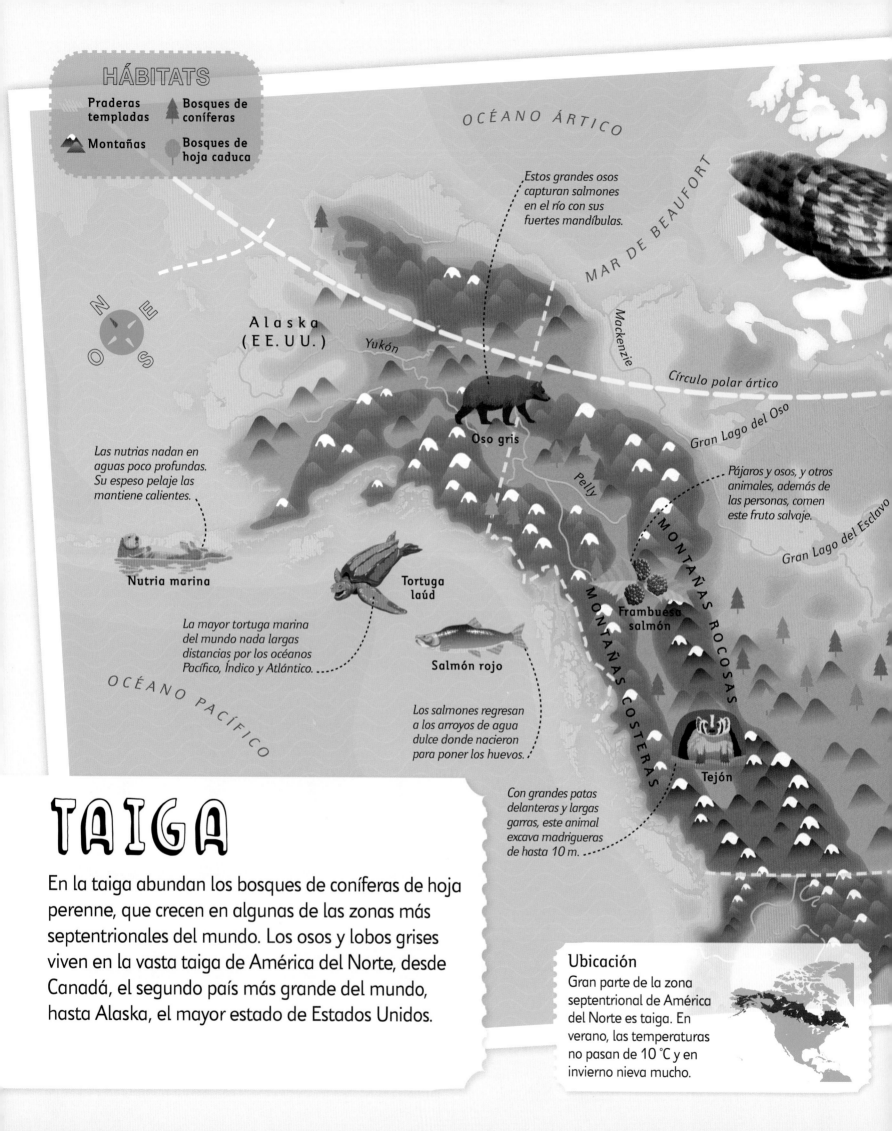

Praderas templadas

Montañas

Bosques de coníferas

Bosques de hoja caduca

OCÉANO ÁRTICO

MAR DE BEAUFORT

Estos grandes osos capturan salmones en el río con sus fuertes mandíbulas.

Alaska (EE.UU.)

Yukón

Mackenzie

Círculo polar ártico

Gran Lago del Oso

Oso gris

Pelly

Pájaros y osos, y otros animales, además de las personas, comen este fruto salvaje.

Las nutrias nadan en aguas poco profundas. Su espeso pelaje las mantiene calientes.

Gran Lago del Esclavo

MONTAÑAS ROCOSAS

Nutria marina

Tortuga laúd

Frambuesa salmón

MONTAÑAS COSTERAS

La mayor tortuga marina del mundo nada largas distancias por los océanos Pacífico, Índico y Atlántico.

Salmón rojo

OCÉANO PACÍFICO

Los salmones regresan a los arroyos de agua dulce donde nacieron para poner los huevos.

Tejón

Con grandes patas delanteras y largas garras, este animal excava madrigueras de hasta 10 m.

# TAIGA

En la taiga abundan los bosques de coníferas de hoja perenne, que crecen en algunas de las zonas más septentrionales del mundo. Los osos y lobos grises viven en la vasta taiga de América del Norte, desde Canadá, el segundo país más grande del mundo, hasta Alaska, el mayor estado de Estados Unidos.

## Ubicación

Gran parte de la zona septentrional de América del Norte es taiga. En verano, las temperaturas no pasan de 10 °C y en invierno nieva mucho.

## Cárabo lapón
El cárabo más alto de América del Norte tiene una envergadura de 1,5 m. Escucha y caza los roedores que se mueven bajo la nieve.

## Ganso nival
Aunque estas ruidosas aves viven en zonas frías, en invierno vuelan al sur en grandes bandadas. Cuando se posan, el campo se tiñe de blanco.

*El ganso nival va al sur en invierno.*

Este mamífero de cola plana tala árboles con los dientes. Con los troncos construye presas en el río y refugios donde vivir.

BAHÍA DE HUDSON

Sus patas, diseñadas para nadar pero no para caminar, solo le permiten despegar desde el agua.

Un alce puede pesar tanto como un coche y trotar a una velocidad constante de 32 km/h.

GOLFO DE SAN LORENZO

OCÉANO ATLÁNTICO

**Castor americano**

**Colimbo**

Estos gansos, con un fuerte graznido, vuelan en forma de V y viven en todo el mundo.

**Alce**

**Mariposa monarca**

Cada invierno, millones de monarcas migran del norte de América del Norte a México.

**CANADÁ**

Machos y hembras emiten luz amarilla, verde o naranja por unos órganos en la cola.

Lago Winnipeg

**Ganso de Canadá**

Ottawa

Lago Superior

**Luciérnaga**

Lago Hurón

Lago Ontario

**EE.UU.**

Lago Erie

Lago Michigan

## Lobo gris
El lobo gris es el mayor miembro salvaje de la familia de los perros. Su pelaje es negro, blanco, tostado, marrón o gris. Caza, en manada, desde ratones hasta alces.

## Cascabel de pradera

Aunque es venenosa, esta serpiente prefiere huir a luchar. Hace sonar los anillos de la cola para ahuyentar a posibles depredadores.

*Un coyote alerta con su aullido*

## Coyote

Con gran oído y vista, y un buen olfato, los coyotes son grandes cazadores. Aúllan para marcar el territorio e indicar a los demás dónde se hallan.

También llamados búfalos, estos herbívoros son los mamíferos más grandes y pesados de América del Norte.

### Ubicación

Las Grandes Llanuras se extienden desde las Montañas Rocosas hasta el río Misisipi y desde el sur de Canadá hasta Texas.

CANADÁ

Símbolo nacional de EE. UU., esta poderosa ave se alimenta de peces y de aves acuáticas.

**Bisonte americano**

En invierno, el pelaje de esta liebre cambia de marrón a blanco, pero su cola es siempre blanca.

**Águila calva**

Para atraer a las hembras, los machos inflan el saco del cuello y levantan las plumas.

*Lago Superior*

Los mamíferos comen las flores de este arbusto y los insectos, su néctar.

**Liebre de cola blanca**

**Urogallo grande**

**EE. UU.**

Este zorro naranja del tamaño de un gato es un cazador nocturno que alcanza 48 km/h.

*Misuri*

*Misisipi*

**Zorro veloz**

**Falso índigo**

*Colorado*

Parecido al ciervo, ve a sus depredadores a 6 km de distancia y puede correr grandes distancias.

*Arkansas*

### ESCALA

0      250 km

**Antílope americano**

N O E S

### HÁBITATS

 Praderas templadas

Montañas

 Bosques de coníferas

Desierto frío

Desierto cálido

Bosques de hoja caduca

# GRANDES LLANURAS

En el centro de América del Norte, forman una pradera de 4800 km de longitud. Fueron hogar de bisontes y antílopes, pero hoy son, sobre todo, pastos y tierras de cultivo.

## Perrito de la pradera

Estos roedores herbívoros crean ciudades subterráneas. Saludan a la familia con un beso y lanzan llamadas de alerta distintas según el depredador.

## Zorro gris

Del tamaño de un perro mediano, el zorro gris vive en el bosque y hace su madriguera en árboles huecos. La pareja cuida de las crías.

# BOSQUES DEL ESTE

Bosques de hoja caduca y perenne cubren las montañas y los valles del este de América del Norte. En estas zonas muy pobladas, los animales deben ser astutos para sobrevivir.

**CANADÁ**

Lago Superior

*Si se siente en peligro, la mofeta lanza un horrible olor por unas glándulas bajo la cola.*

*Los arces azucareros producen savia para el sirope de arce. Sus hojas se tiñen de rojo y naranja dorado en otoño.*

*El mapache boreal es muy listo. Vive tanto en la ciudad como en el campo y come casi de todo.*

Lago Michigan

**EE. UU.**

**ESCALA**

0 — 250 km

*Solo los machos tienen cornamenta. Escapan a nado de los depredadores.*

**Mofeta rayada**

**Arce azucarero**

*Esta ave canora, de color rojo intenso, emite más de 24 cantos. Al cortejar, los machos ofrecen las mejores semillas a las hembras.*

Ohio

**Mapache boreal**

**Cardenal rojo**

○ Washington D.C.

**Ciervo de cola blanca**

*Es el único marsupial de América del Norte y se hace el muerto si se siente en peligro.*

Misisipi

**Zarigüeya norteamericana**

OCÉANO ATLÁNTICO

**Búho cornudo**

*Sus «cuernos» de plumas no son orejas; las tiene mucho más abajo.*

*Pese a su nombre, la ardilla gris puede ser blanca o rojiza.*

## HÁBITATS

- Praderas templadas
- Praderas tropicales
- Montañas
- Bosques de coníferas
- Bosques de hoja caduca

N O E S

## Ardilla gris

Gracias a sus flexibles patas, las ardillas grises trepan y bajan de los árboles con facilidad. Dada su dieta de frutos secos y corteza de árbol, sus dientes no dejan de crecer.

## Oso negro

Buenos nadadores y trepadores, los osos negros se alimentan de fruta, nueces y raíces, y a veces de hormigas y larvas. En el mundo existen el doble de estos osos que de todas las demás especies de osos juntas.

## Ubicación

Gran parte de los bosques del este del continente abarcan del río Misisipi al océano Atlántico.

# DESIERTOS DEL OESTE

En el oeste de América del Norte encontramos cuatro desiertos. En estas zonas áridas hace calor durante el día y las noches pueden ser muy frías. Son unas condiciones duras para los animales.

**E E . U U .**

Una tortuga come una planta.

## Tortuga del desierto de Mojave

Esta tortuga del desierto puede vivir hasta 50 años. Para evitar el calor, excava una madriguera, en la que pasa el 95 por ciento del tiempo durante el verano.

En América del Norte viven más de un millón de linces rojos, aunque han sido cazados de forma intensiva.

**M O N T A Ñ A S  R O C O S A S**

Lince rojo

**Romerillo**
*Las flores del romerillo ofrecen néctar a las mariposas.*

*Colorado*

Buitre pavo se posa en un cactus

## Buitre pavo

Esta rapaz no atrapa sus presas sino que come animales muertos. Los animales que se comportan de este modo se denominan carroñeros.

*Snake*

*Gran Lago Salado*

*La liebre de cola negra puede correr hasta a 48 km/h y saltar 6 m.*

**Liebre de cola negra**

**Borrego cimarrón**

*Los machos de estos borregos se pelean chocando sus cabezas.*

*Este lagarto venenoso vive sobre todo bajo tierra. Come huevos, insectos y pequeños roedores.*

*Esta araña grande y peluda recubre de seda su madriguera para evitar que se derrumbe.*

**Monstruo de Gila**

**Tarántula rubia del desierto**

**S I E R R A  N E V A D A**

**Cascabel diamantina**

Cada vez que una de estas serpientes muda la piel, le crece una nueva sección a su cascabel.

**Correcaminos**

Este animal corre hasta 29 km/h y es uno de los pocos que se alimenta de serpientes cascabel.

MÉXICO

SIERRA MADRE ORIENTAL

**Cacomixtle**

Pariente del mapache, trepa por acantilados, árboles y cactus espinosos.

**Armadillo de nueve bandas**

Este animal, el único armadillo que vive en América del Norte, tiene un gran sentido del olfato.

Ciudad de México

**Ubicación**

El desierto de la Gran Cuenca es el más septentrional de los del oeste. Le siguen el de Mojave, el de Sonora y el de Chihuahua.

**Rata canguro**

Este roedor de patas grandes no necesita beber agua. La obtiene de las semillas que come.

SIERRA MADRE OCCIDENTAL

Unas afiladas espinas cubren este cactus, alto como un árbol para evitar que los animales se lo coman.

**Saguaro**

Este diminuto pájaro de los desiertos de Mojave y Sonora ralentiza su ritmo cardiaco para sobrevivir a las noches frías.

N E S O

**Colibrí de Costa**

**Búho enano**

Con 15 cm, el búho más pequeño de América del Norte se hace el muerto si lo capturan.

OCÉANO PACÍFICO

**HÁBITATS**

- Praderas templadas
- Praderas tropicales
- Matorrales
- Montañas
- Desierto frío
- Bosques de coníferas
- Bosques de hoja caduca
- Selvas tropicales
- Desierto cálido

**ESCALA**

0    250 km

**Puma**

También llamado león de montaña, este gran felino caza de noche. Es un veloz corredor, buen nadador y excelente saltador y escalador.

15

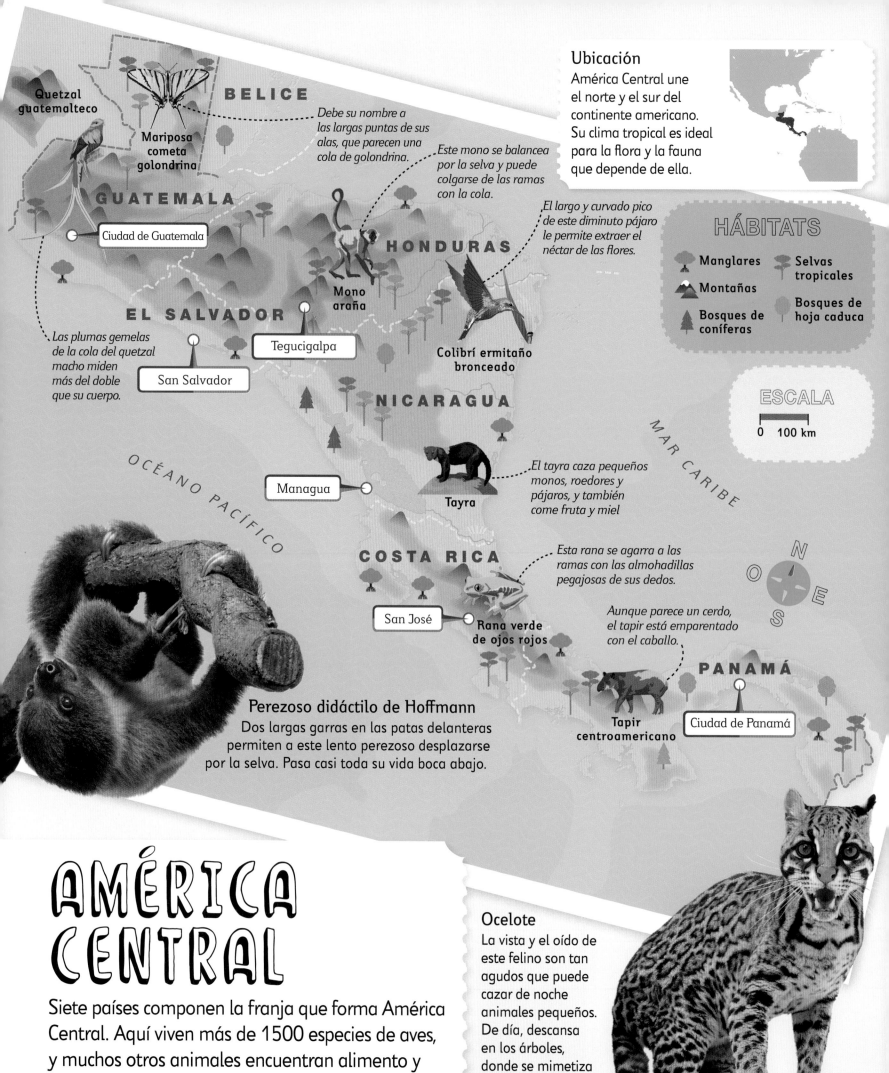

Quetzal
guatemalteco

**BELICE**

Mariposa
cometa
golondrina

Debe su nombre a
las largas puntas de sus
alas, que parecen una
cola de golondrina.

Este mono se balancea
por la selva y puede
colgarse de las ramas
con la cola.

**GUATEMALA**

Ciudad de Guatemala

El largo y curvado pico
de este diminuto pájaro
le permite extraer el
néctar de las flores.

**HONDURAS**

Mono
araña

## Ubicación
América Central une
el norte y el sur del
continente americano.
Su clima tropical es ideal
para la flora y la fauna
que depende de ella.

### HÁBITATS

Manglares    Selvas
tropicales

Montañas

Bosques de    Bosques de
coníferas    hoja caduca

**EL SALVADOR**

Tegucigalpa

Colibrí ermitaño
bronceado

Las plumas gemelas
de la cola del quetzal
macho miden
más del doble
que su cuerpo.

San Salvador

**NICARAGUA**

### ESCALA
0    100 km

OCÉANO PACÍFICO

Managua

Tayra

El tayra caza pequeños
monos, roedores y
pájaros, y también
come fruta y miel

MAR CARIBE

**COSTA RICA**

Esta rana se agarra a las
ramas con las almohadillas
pegajosas de sus dedos.

San José    Rana verde
de ojos rojos

Aunque parece un cerdo,
el tapir está emparentado
con el caballo.

N
O    E
S

**PANAMÁ**

Tapir
centroamericano

Ciudad de Panamá

### Perezoso didáctilo de Hoffmann
Dos largas garras en las patas delanteras
permiten a este lento perezoso desplazarse
por la selva. Pasa casi toda su vida boca abajo.

# AMÉRICA CENTRAL

Siete países componen la franja que forma América
Central. Aquí viven más de 1500 especies de aves,
y muchos otros animales encuentran alimento y
refugio en sus bosques.

## Ocelote
La vista y el oído de
este felino son tan
agudos que puede
cazar de noche
animales pequeños.
De día, descansa
en los árboles,
donde se mimetiza
con las hojas.

EE. UU.

Nasáu

La Habana

BAHAMAS

Estos animales solo viven
en la pequeña isla de los
Cerdos. Salen nadando a
saludar a los visitantes.

CUBA

Cerdo
nadador

Ave nacional
de Cuba, tiene un
plumaje colorido y
se alimenta de flores,
frutos e insectos.

El largo morro del
solenodonte le ayuda a
encontrar comida. Aturde
a sus presas, insectos y
lagartos con veneno.

Una fragata macho atrae a su pareja

Tocororo

Fragata

Estas aves son hábiles voladoras, conocidas
por abalanzarse y robar la presa de otras
aves. Las fragatas macho inflan los sacos
rojos de la garganta para impresionar a las
hembras.

Único mamífero
terrestre autóctono
de Jamaica, la tímida
jutía es herbívora.

Jutía
jamaicana

JAMAICA

HAITÍ

Solenodonte dominicano

REPÚBLICA
DOMINICANA

Este pez plano usa
sus aletas como patas
para caminar por el
fondo marino.

Puerto Príncipe

ESCALA

Kingston

Santo Domingo

Pez murciélago

Puerto Rico

0   100 km

Antillas Mayores

HÁBITATS

Humedales     Selvas
              tropicales

Montañas      Manglares

La aguja azul atrapa peces con
su larga mandíbula en forma
de espada.

N
O     E
S

MAR CARIBE

Aguja azul

Antillas Menores

Ubicación

El Caribe se encuentra al
este de América Central,
América del Norte y
América del Sur. La zona
es de aguas cálidas y
clima tropical.

Los vampiros beben la
sangre de otros animales.
Su saliva mantiene líquida
la sangre.

Puerto España

Vampiro
común

CARIBE

TRINIDAD
Y TOBAGO

En las más de 7000 pequeñas islas del mar
Caribe no viven muchos mamíferos. Sin embargo,
sus zonas rocosas, playas y arrecifes de coral
—casi el 9 % de los del mundo— son un hábitat
perfecto para todo tipo de reptiles, aves y peces.

Cocodrilo cubano

Este cocodrilo,
en peligro de
extinción, solo
vive en dos
pantanos de Cuba.
Su alimento favorito son
las tortugas, cuyo caparazón
rompe con sus dientes posteriores.

17

# EVERGLADES DE FLORIDA

Los Everglades, el mayor humedal subtropical de América del Norte, son un gran río de corriente lenta. Hoy ocupa la mitad de su superficie original debido a la actividad humana, aunque sigue albergando 350 especies de aves y reptiles, como caimanes y cocodrilos.

## Tortuga mordedora

Aunque no tiene dientes, su fuerte pico óseo y sus mandíbulas pueden morder y matar pájaros, peces y pequeños mamíferos. También es conocida por arrancar la cabeza a otras tortugas. Por ello, la mayoría de los animales, y los humanos, suelen dejarla en paz.

*En las aguas de los Everglades viven unas 300 especies de peces, desde los más pequeños hasta barracudas de 2 m.*

**Garza azul** La garza más grande de América del Norte es lenta, pero ataca rápido para capturar peces.

**Aninga** Esta ave caza bajo el agua. Como un pescador de arpón, ensarta sus presas con su largo y afilado pico.

**Caimán americano** Los Everglades son el único lugar salvaje donde conviven caimanes y cocodrilos.

*Serpiente rata de lengua bífida.*

## Serpiente rata de los Everglades

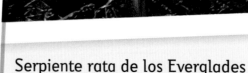

Esta larga serpiente nada y trepa por los árboles. Se alimenta de ratas, pero también come ranas, ardillas y pájaros y sus huevos.

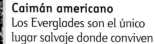

*Los dientes de un caimán no se ven cuando su boca está cerrada, a diferencia de los del cocodrilo, siempre visibles.*

**Milano caracolero** Esta ave rapaz se alimenta de caracoles manzana. Usa su pico curvado para sacarlos de la concha.

Una araña de seda dorada espera en su telaraña.

## Araña de seda dorada

Las hembras de estas arañas pueden llegar a medir 8 cm de largo. Producen una seda de color dorado que es más resistente que el material con el que se fabrican los chalecos antibalas.

**Gallineta púrpura** Esta ave, del tamaño de un pato, tiene unos dedos largos que le permiten andar por los nenúfares sin hundirse.

**Pantera de Florida** Está en peligro crítico de extinción a causa de la caza. Quedan menos de un centenar en estado salvaje.

## Ubicación

Los Everglades se extienden por el sur de Florida. En la estación húmeda, reciben el doble de lluvia que otras zonas de EE. UU.

## Rana arborícola verde

Según su estado de ánimo, esta ranita es de color verde brillante o caqui apagado. Hincha un saco vocal y grita si la atrapan, lo que puede salvarle la vida, ya que el grito hace que muchos depredadores la suelten sorprendidos.

# AMÉRICA DEL SUR

El cuarto continente más grande de la Tierra se encuentra en su mayor parte en la mitad sur del mundo. Cuenta con selvas tropicales, desiertos secos, praderas y altas montañas. Esta variedad de hábitats hace que este continente acoja gran variedad de animales.

VENEZUEL

COLOMBIA

ECUADOR

ISLAS
GALÁPAGOS
(ECUADOR)

PERÚ

BOLIVI

OCÉANO PACÍFICO

CHILE

ARGENTINA

## La Amazonia

El sinuoso río Amazonas fluye a través de la inmensa selva tropical que comparte su nombre. Además de producir una quinta parte del oxígeno del planeta, esta selva alberga una gran variedad de plantas, mamíferos, aves y peces.

## El Pantanal

El Pantanal es el mayor humedal del mundo. Con praderas inundadas y bosques tropicales, alberga miles de aves, peces y reptiles. También viven aquí algunos mamíferos, como el capibara, que se alimenta de plantas y se esconde de los depredadores en las aguas cenagosas.

## HÁBITATS

Selvas tropicales

Bosques de hoja caduca

Praderas tropicales

Matorrales

Praderas templadas

Desiertos

Humedales

Montañas

Manglares

ESCALA

0          1000 km

GUYANA

SURINAM

GUAYANA
FANCESA
(FRANCIA)

OCÉANO ATLÁNTICO

BRASIL

PARAGUAY

URUGUAY

ISLAS MALVINAS
(REINO UNIDO)

## Estepa patagónica

Compartida entre Argentina y el sur de
Chile, la cálida y seca estepa patagónica
está llena de arbustos y pasto. Es un buen
medio para mamíferos, desde pequeños
roedores a zorros y pumas.

## La pampa

Las hectáreas de pastos de
la pampa atraen a muchos
animales, sobre todo aves.
Algunas, como el ñandú
de Darwin, no vuela y
se alimenta de plantas.
También come ranas e
insectos escondidos
entre la hierba.

## Los Andes

Aunque partes de la
cordillera son cálidas y
cuentan con abundante
vegetación, los montes
andinos destacan por
sus altas y escarpadas
cumbres. Los animales
deben ser resistentes
y adaptables para vivir
aquí. Los flamencos
encuentran comida en
lagos muy salados.

# LA AMAZONIA

La Amazonia es la mayor selva tropical del planeta y rodea uno de los ríos más caudalosos del mundo: el Amazonas. Aquí viven numerosas especies de animales, entre ellas más de 430 de mamíferos, 3000 de peces, 1300 de aves, 870 de reptiles y anfibios y ¡2,5 millones de insectos!

*Un joven oso melero se desplaza a lomos de su madre.*

## Oso melero

Este oso trepador carece de dientes. Se alimenta sorbiendo hormigas y termitas con una lengua que alcanza 40 cm de largo.

## Sapito minero

El color negro y amarillo brillante de este anfibio es una advertencia para los depredadores, ya que su piel rezuma sustancias tóxicas que pueden matar.

Caracas

**VENEZUELA**

*Orinoco*

MACIZO GUAYANÉS

Bogotá

**COLOMBIA**

*El escarabajo hércules es uno de los más grandes y mide hasta 18 cm.*

**Escarabajo hércules**

*Este árbol puede crecer 4 m al año. Lo polinizan los murciélagos.*

Quito

**ECUADOR**

*También llamados botos, estos delfines cazan siluros en los ríos Amazonas y Orinoco.*

**Ceiba**

**Delfín rosado de río**

**PERÚ**

*Esta mariposa azul gigante tiene una envergadura de entre 13 y 20 cm.*

*Con 23-26 cm de largo, este pequeño primate se alimenta de frutas, insectos y plantas.*

ANDES

OCÉANO PACÍFICO

**Tití emperador**

**Morfo azul**

Lima

La Paz

Sucre

### HÁBITATS

\\||/ Humedales

Praderas tropicales

Montañas

Selva tropical

Bosques de hoja caduca

Manglares

N O E S

22

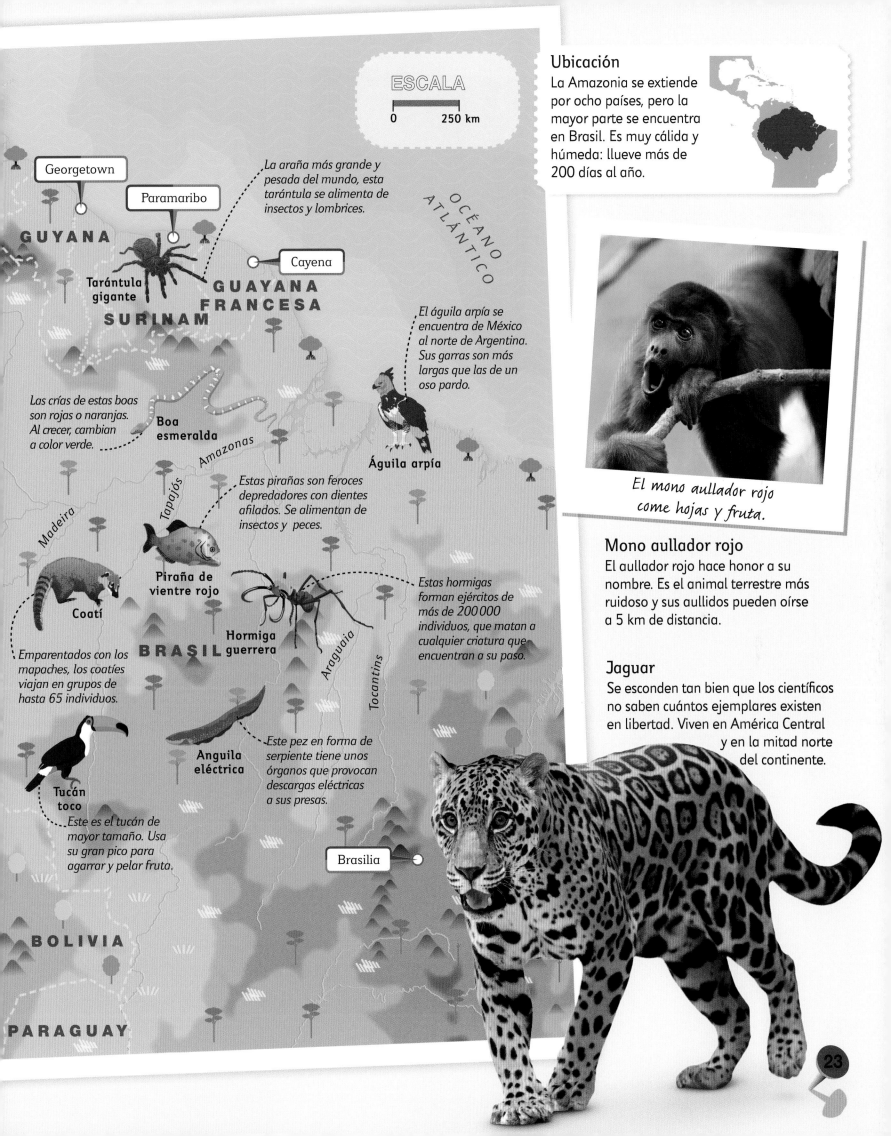

ESCALA

0   250 km

**Ubicación**

La Amazonia se extiende por ocho países, pero la mayor parte se encuentra en Brasil. Es muy cálida y húmeda: llueve más de 200 días al año.

Georgetown

Paramaribo

La araña más grande y pesada del mundo, esta tarántula se alimenta de insectos y lombrices.

OCÉANO ATLÁNTICO

GUYANA

Cayena

Tarántula gigante

GUAYANA FRANCESA

SURINAM

El águila arpía se encuentra de México al norte de Argentina. Sus garras son más largas que las de un oso pardo.

Las crías de estas boas son rojas o naranjas. Al crecer, cambian a color verde.

Boa esmeralda

Amazonas

Tapajós

Águila arpía

El mono aullador rojo come hojas y fruta.

Estas pirañas son feroces depredadores con dientes afilados. Se alimentan de insectos y peces.

Madeira

**Mono aullador rojo**

El aullador rojo hace honor a su nombre. Es el animal terrestre más ruidoso y sus aullidos pueden oírse a 5 km de distancia.

Piraña de vientre rojo

Estas hormigas forman ejércitos de más de 200 000 individuos, que matan a cualquier criatura que encuentran a su paso.

Coatí

Hormiga guerrera

BRASIL

Araguaia

**Jaguar**

Se esconden tan bien que los científicos no saben cuántos ejemplares existen en libertad. Viven en América Central y en la mitad norte del continente.

Emparentados con los mapaches, los coatíes viajan en grupos de hasta 65 individuos.

Tocantins

Anguila eléctrica

Este pez en forma de serpiente tiene unos órganos que provocan descargas eléctricas a sus presas.

Tucán toco

Este es el tucán de mayor tamaño. Usa su gran pico para agarrar y pelar fruta.

Brasilia

BOLIVIA

PARAGUAY

23

# LOS ANDES

La cordillera de los Andes es una de las más altas del mundo. Alcanza una altura de 6959 m y se extiende por toda la costa occidental de América del Sur. Aquí los animales viven en todo tipo de hábitats, desde las cumbres rocosas hasta los bosques tropicales.

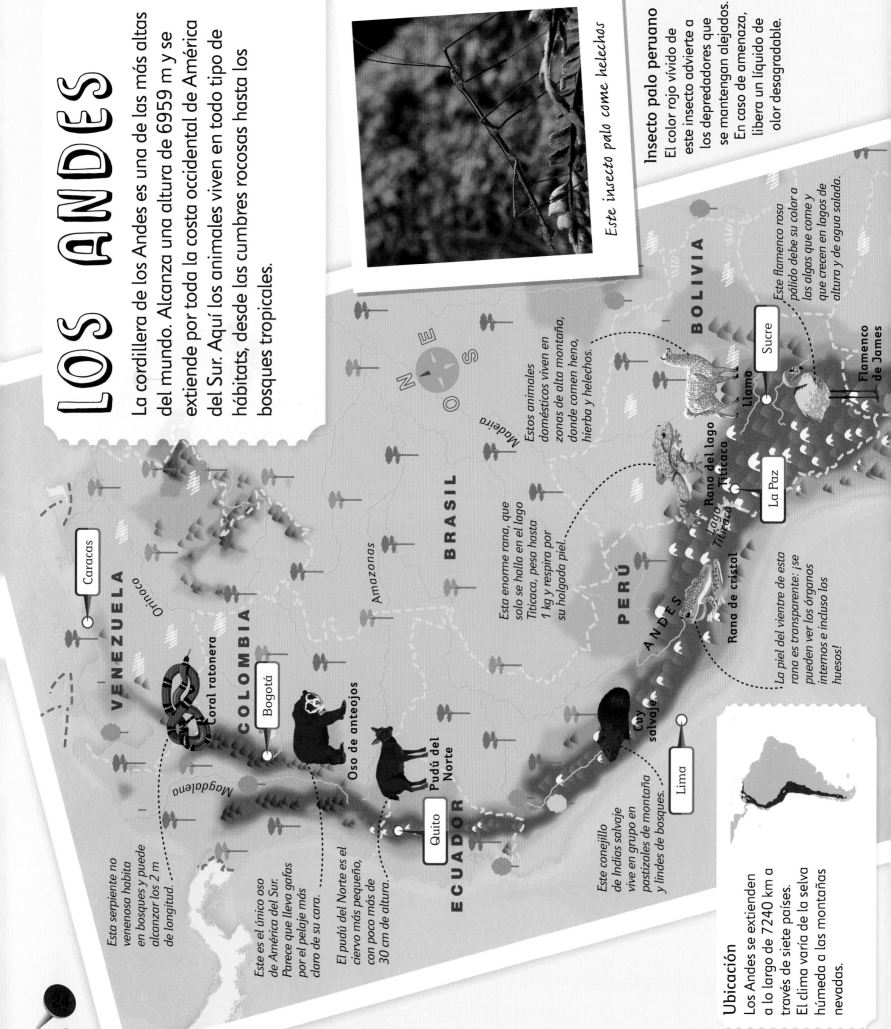

*Este insecto palo come helechos*

### Insecto palo peruano

El color rojo vivido de este insecto advierte a los depredadores que se mantengan alejados. En caso de amenaza, libera un líquido de olor desagradable.

Este flamenco rosa pálido debe su color a las algas que come y que crecen en lagos de altura y de agua salada.

**BOLIVIA**

Sucre

Llama

Flamenco de James

Estos animales domésticos viven en zonas de alta montaña, donde comen heno, hierba y helechos.

Rana del lago Titicaca

La Paz

Lago Titicaca

*Madeira*

**BRASIL**

*Amazonas*

Esta enorme rana, que solo se halla en el lago Titicaca, pesa hasta 1 kg y respira por su holgada piel.

**PERÚ**

Rana de cristal

La piel del vientre de esta rana es transparente: ¡se pueden ver los órganos internos e incluso los huesos!

**A N D E S**

Cuy salvaje

Lima

Este conejillo de Indias salvaje vive en grupo en pastizales de montaña y lindes de bosques.

**VENEZUELA**

Caracas

*Orinoco*

Coral ratonera

Esta serpiente no venenosa habita en bosques y puede alcanzar los 2 m de longitud.

**COLOMBIA**

Bogotá

Oso de anteojos

Este es el único oso de América del Sur. Parece que lleva gafas por el pelaje más claro de su cara.

*Magdalena*

Pudú del Norte

El pudú del Norte es el ciervo más pequeño, con poco más de 30 cm de altura.

Quito

**ECUADOR**

### Ubicación

Los Andes se extienden a lo largo de 7240 km a través de siete países. El clima varía de la selva húmeda a las montañas nevadas.

24

# ARGENTINA

_Los caracaras giran piedras en busca de insectos, roedores y otros animales._

**Caracara andino**

## Chinchilla de cola larga
Con 60 pelos por folículo, este roedor tiene un pelaje muy grueso y espeso, algo ideal para las frías temperaturas de las cumbres andinas.

ISLAS MALVINAS

_También llamados zorros, estos perros salvajes con aspecto de lobo cazan lagartos, insectos, conejos y gansos. Hacen sus guaridas en cuevas rocosas._

Colorado

Negro

Chubut

**Culpeo**

**Cóndor**

**Ganso andino**

**Santiago**

ANDES

CHILE

**Huemul**

_La sangre de este ganso absorbe más oxígeno que la de otros de su especie. Así, sobrevive a grandes altitudes con menos oxígeno en el aire._

_El cóndor es el ave voladora más grande. Surca las corrientes de aire de las montañas con una envergadura de hasta 3,2 m._

_Con sus cortas patas trepa por los terrenos accidentados de alta montaña. Es el animal nacional de Chile._

## HÁBITATS
- Humedales
- Matorrales
- Praderas templadas
- Praderas tropicales
- Bosques de hoja caduca
- Montañas
- Desiertos fríos

OCÉANO PACÍFICO

## ESCALA
0    250 km

_Un macho del gallito de las rocas extiende la cresta._

## Gallito de las rocas
Los machos de esta ave son de color naranja brillante y las hembras, parduzcas. Los machos se reúnen para mostrar sus plumas a las hembras, que eligen a su favorito del grupo.

## Vicuña
Estos pequeños miembros de la familia de los camellos están tan bien adaptados a su hábitat montañoso que pueden vivir en altitudes de 5000 m.

25

# LA PAMPA

Con llanuras que van hasta el horizonte, no es de extrañar que los nativos sudamericanos llamaran a esta región pampa, que significa «superficie plana». Esta pradera templada proporciona abundantes semillas para aves, insectos y pequeños mamíferos.

Este lagarto alcanza 1,4 m de largo. De día atrapa caracoles, arañas e insectos.

**Lagarto overo**

SIERRAS DE CÓRDOBA

Este insecto chupa la sangre de roedores, marsupiales y humanos. Puede transmitir un parásito que causa enfermedades.

**Chinche asesina**

Desaguadero

Este zorro de tamaño mediano se tira al suelo y se hace el muerto si le acecha algún peligro.

**Chingue**

Esta mofeta usa su nariz, ancha y carnosa, para atrapar escarabajos y arañas.

**Zorro pampeano**

*Los ojos, situados sobre la cabeza, le permiten ver mientras nada.*

## Coipo

A veces confundido con un castor, el coipo es un roedor amante del agua que puede llegar a medir 1 m de largo. Vive en madrigueras a orillas de ríos y se alimenta de plantas.

## Escuerzo común

Con 14 cm de largo y un peso de hasta 480 g, este sapo es lo bastante grande para comer lagartijas, ratones e incluso otras ranas.

Con plumas amarillas, blancas, verdes, azules, rojas y negras, es una de las aves más coloridas de los cañaverales de la pampa.

**ARGENTINA**

El ñandú puede alcanzar 1,4 m de altura. No vuela, pero corre hasta 60 km/h.

**Sietecolores**

Las largas y poderosas patas de este gran roedor le permiten correr hasta 48 km/h.

**Ñandú**

**Mara patagónica**

Colorado

Salado

Paraná

Esta ave se zambulle en arroyos y ríos para pescar pequeños peces.

Martín pescador

N
O ✦ E
S

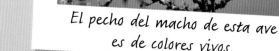

El pecho del macho de esta ave es de colores vivos.

URUGUAY

Pariente de los hurones, este aguerrido grisón es un gran cazador de conejos.

Grisón chico

Buenos Aires ◯

Montevideo

RÍO DE LA PLATA

## Loica pampeana

A esta ave en peligro de extinción le gusta anidar en el suelo en grupos. Se han encontrado más de 60 nidos agrupados en una zona.

Del tamaño de un gato doméstico, este felino caza roedores y aves, así como ranas y peces.

Gato montés

La hierba de la pampa puede alcanzar los 2,6 m de altura. Los plumeros son las flores.

Hierba de la pampa

En el pasado, millones de estos ciervos deambulaban por la pampa. Hoy tienen que competir con el ganado y los humanos.

Venado de la pampa

## Mochuelo de madriguera

Esta ave suele vivir en madrigueras abandonadas por otros animales. Amontona heces de mamíferos en la entrada para atraer a los escarabajos peloteros, su alimento favorito.

Este gran roedor tiene un pelaje espeso y suave. Vive en grupo en grandes madrigueras subterráneas.

Vizcacha de las llanuras

OCÉANO ATLÁNTICO

## Ubicación

La pampa ocupa parte de Argentina y todo Uruguay. Pese al clima cálido y húmedo, la sequía de verano provoca incendios forestales.

ESCALA

0          100 km

# PANTANAL

El Pantanal es el mayor humedal del mundo. Gran parte del año está inundado. Es un hábitat ideal para las 3500 especies de plantas que crecen aquí, y para aves y mamíferos, como el capibara, pariente gigante de la cobaya.

## Jabirú
El jabirú, el ave voladora más alta de América del Sur y Central, puede alcanzar más de 1 m de altura. Caza peces, ranas e insectos con su enorme pico.

Un jabirú deambula por el Pantanal.

Este caracol de agua dulce mide hasta 15 cm de largo. Solo sale del agua por la noche para buscar comida.

**Caracol manzana**

Del tamaño de un perro mediano, el capibara es el mayor roedor del mundo.

**Capibara**

Esta ave mueve su pico en forma de cuchara de un lado a otro para atrapar moluscos y peces pequeños.

## HÁBITATS

Praderas tropicales

Bosques de hoja caduca

Humedales

Las anacondas viven dentro y fuera del agua. Miden hasta 9 m de largo. Se esconden entre las plantas acuáticas para sorprender a sus presas.

**Anaconda verde**

**BOLIVIA**

**BRASIL**

Paraguay

ESCALA

0    50 km

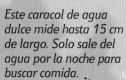

Las hojas de esta planta de humedal pueden crecer hasta 2,5 m de ancho y sostener un animal de hasta 20,5 kg.

**Espátula rosada**

Este ciervo tiene pezuñas anchas extensibles que le ayudan a nadar y a moverse por suelos pantanosos.

**Ciervo de los pantanos**

## Ubicación
El Pantanal se encuentra al sur de la selva amazónica, en Brasil, Bolivia y Paraguay. Llueve tanto que el 80 por ciento se inunda durante la estación lluviosa.

Para alimentarse, este astuto mono parte nueces y aplasta caparazones de cangrejo con una piedra.

**Mono capuchino**

**Nenúfar gigante**

**PARAGUAY**

## Nutria gigante
Las nutrias gigantes, que solo viven en ríos y selvas tropicales de América del Sur, llegan a medir 1,4 m de largo. Comen peces, cangrejos y pequeños caimanes.

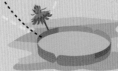

## Yacaré negro
El yacaré se parece a los caimanes, pero con un hocico más puntiagudo. Alcanza los 3 m de largo. Su alimento favorito es la piraña y también come caracoles manzana.

# GALÁPAGOS

Las Galápagos son un grupo de islas volcánicas situadas a unos 1000 km de la costa de Ecuador. Algunas islas son grandes, pero la mayoría son pequeños islotes. Aquí confluyen tres grandes corrientes oceánicas que traen numerosos animales marinos.

Isla Darwin

Isla Lobos

## Ubicación

Las islas Galápagos se agrupan alrededor del ecuador, en el océano Pacífico. Tienen dos estaciones: una fría y seca, y otra cálida.

OCÉANO PACÍFICO

Isla Marchena

Una iguana marina se alimenta de algas.

*La lagartija de lava es el reptil más abundante en las Galápagos. Se calienta sobre rocas soleadas.*

*Esta ave es fácil de reconocer por el color azul de las patas. Las de las hembras son de un azul más oscuro.*

*Aunque no puede volar, este cormorán es un gran nadador y caza anguilas y pulpos en el fondo del océano.*

**Lagartija de lava**

**Piquero patiazul**

Isla Santiago

## Iguana marina

Las iguanas marinas son los únicos lagartos que nadan en el mar y se alimentan de algas. Unas glándulas nasales excretan el exceso de sal de la sangre.

**Cormorán de las Galápagos**

Isla Fernandina

**Halcón de las Galápagos**

**León marino de las Galápagos**

San Cristóbal

**Tortuga de las Galápagos**

*Este pequeño pingüino es el que vive más al norte.*

Isla Santa Cruz

*Este halcón es muy escaso. Se alimenta sobre todo de ciempiés gigantes; también captura roedores e iguanas jóvenes.*

*Este león marino mueve las aletas traseras por separado y puede galopar en tierra.*

*Esta tortuga puede medir 1,5 m y pesar 227 kg. Algunas viven más de 100 años.*

**Pingüino de las Galápagos**

Isla Isabela

## Cangrejo rojo de roca

Este cangrejo de color rojo brillante se desplaza a gran velocidad. Se esconde de las aves dentro de pequeños espacios entre las rocas.

Isla Floreana

Isla Española

N O E S

ESCALA

0    50 km

# EL CERRADO

Formado sobre todo por praderas tropicales, algunos árboles y zonas de bosque seco, el Cerrado se encuentra casi por completo en Brasil. Contiene más de 10 000 especies de plantas que ofrecen abundante alimento y refugio a muchos animales.

**HÁBITATS**

Humedales

Praderas tropicales

Montañas

Selvas tropicales

Bosques de hoja caduca

Desierto frío

N O E S

BRASIL

Tapajós

*Ambos sexos de este guacamayo son de color azul intenso.*

## Guacamayo azul

El guacamayo azul, el loro más grande del mundo, mide hasta 1 m. Con su gran pico rompe hasta las nueces más duras.

Con sus largas patas, el lobo de crin ve sobre la hierba alta del Cerrado.

Lobo de crin

Con su lengua pegajosa, este oso gigante engulle 35 000 hormigas y termitas al día.

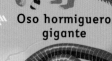

Oso hormiguero gigante

Este cóndor no tiene gran olfato. Así, para comer y localizar animales muertos, sigue a otros buitres.

Cóndor de la selva

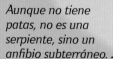

Cutuchi

BOLIVIA

Aunque no tiene patas, no es una serpiente, sino un anfibio subterráneo.

Solo el macho de esta ave posee una llamativa cresta roja. La hembra es verde grisáceo.

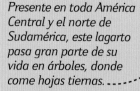

Saltarín de yelmo

Presente en toda América Central y el norte de Sudamérica, este lagarto pasa gran parte de su vida en árboles, donde come hojas tiernas.

Iguana verde

## Hormigas podadoras

Estas hormigas cortan trozos de hoja con sus mandíbulas y los llevan a su hormiguero, donde cultivan y recogen un hongo para comer.

PARAGUAY

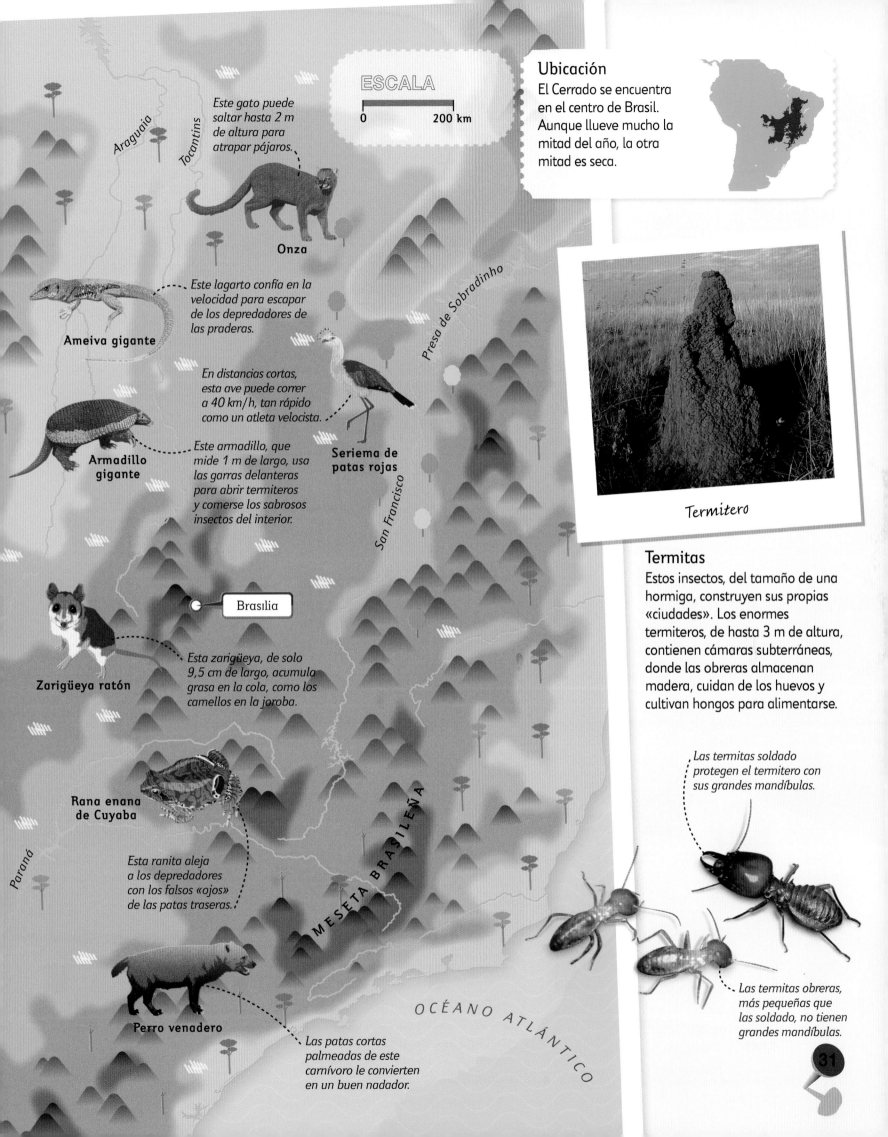

Araguaia

Tocantins

Este gato puede saltar hasta 2 m de altura para atrapar pájaros.

## Ubicación

El Cerrado se encuentra en el centro de Brasil. Aunque llueve mucho la mitad del año, la otra mitad es seca.

**Onza**

Este lagarto confía en la velocidad para escapar de los depredadores de las praderas.

**Ameiva gigante**

Presa de Sobradinho

En distancias cortas, esta ave puede correr a 40 km/h, tan rápido como un atleta velocista.

**Armadillo gigante**

Este armadillo, que mide 1 m de largo, usa las garras delanteras para abrir termiteros y comerse los sabrosos insectos del interior.

**Seriema de patas rojas**

San Francisco

_Termitero_

## Termitas

Estos insectos, del tamaño de una hormiga, construyen sus propias «ciudades». Los enormes termiteros, de hasta 3 m de altura, contienen cámaras subterráneas, donde las obreras almacenan madera, cuidan de los huevos y cultivan hongos para alimentarse.

**Zarigüeya ratón**

Brasilia

Esta zarigüeya, de solo 9,5 cm de largo, acumula grasa en la cola, como los camellos en la joroba.

Las termitas soldado protegen el termitero con sus grandes mandíbulas.

**Rana enana de Cuyaba**

Paraná

Esta ranita aleja a los depredadores con los falsos «ojos» de las patas traseras.

MESETA BRASILEÑA

**Perro venadero**

Las patas cortas palmeadas de este carnívoro le convierten en un buen nadador.

OCÉANO ATLÁNTICO

Las termitas obreras, más pequeñas que las soldado, no tienen grandes mandíbulas.

# CORDILLERA BLANCA

Forma parte de los Andes y es la mayor cordillera tropical del mundo. Picos de más de 6000 m rodean valles con numerosos lagos y arroyos. A esta altura, el oxígeno es escaso y es difícil respirar, pero los animales están bien adaptados a este entorno.

**Cóndor** La hembra produce un solo huevo cada 2 años. Tarda en eclosionar casi 60 días.

## Taruga

Se distingue del resto de los ciervos por la marca oscura en forma de Y que tiene en la cara. Se alimenta de pasto y se adentra en los valles en busca de agua.

**Guanaco** De la familia de los camellos, tiene dos dedos acolchados en las pezuñas para andar entre las rocas.

*Mientras que el guanaco es el antepasado de las llamas domésticas, la vicuña lo es de las alpacas no salvajes.*

**Ganso andino** Este ganso habita los humedales de las montañas, pero como no sabe nadar bien, evita el agua.

**Colocolo** Este depredador nocturno caza roedores, cobayas y aves que anidan en el suelo.

*Las vizcachas y las chinchillas están emparentadas.*

## Vizcacha de la sierra

Similar a un conejo, pasa el tiempo en las rocas tomando el sol. Excepto la cola, está cubierta de un pelaje espeso y suave.

*El colocolo se diferencia del gato doméstico común por las franjas oscuras de las patas.*

**Caracara andino** Esta rapaz blanca y negra construye nidos de palos en el borde de los acantilados de los Andes.

## Pato de torrente

Originario de los Andes, esta ave se zambulle en los fríos y rápidos arroyos de montaña para atrapar larvas de insectos. Las hembras, como esta, son anaranjadas, y los machos, blancos y negros.

*El oso de anteojos solo vive en los Andes.*

**Oso de anteojos** Aunque come fruta, flores y plantas, también caza insectos, aves y roedores en las praderas.

**Culpeo** Este animal vive casi siempre solo, pero machos y hembras crían juntos a sus cachorros en madrigueras.

### Ubicación

La Cordillera Blanca tiene muchas cumbres cubiertas de nieve. Las temperaturas oscilan entre los 3 y los 23 °C.

## Colibrí gigante

Estas aves llegan a medir 21,5 cm de largo. Para alimentarse, buscan sobre todo el néctar de las flores más energéticas. También se nutren de arañas y pequeños insectos.

*Los colibríes gigantes son los mayores del mundo.*

# ÁFRICA

Este continente es tan grande y tiene hábitats tan distintos que parece que haya varias Áfricas. En sus desiertos, selvas, montañas y praderas encontramos algunas de las especies más conocidas y amenazadas de la Tierra.

## Sabana

Las praderas tropicales de África se llaman sabanas. Suelen ser como las personas se imaginan África: amplias llanuras cubiertas de hierba. Aquí viven muchos ungulados que se desplazan en busca de hierba fresca o, en el caso de la jirafa, hojas tiernas de acacia.

## Fynbos

En el sudoeste de Sudáfrica crece un tipo de vegetación conocida como fynbos, formada por matorrales y brezos. Tortugas, ranas y pequeños babuinos viven entre las 9000 especies de plantas de esta zona.

Islas Canarias
(ESPAÑA)

MARRUECOS

TÚNEZ

ARGELIA

SÁHARA OCCIDENTAL

MAURITANIA

MALÍ

NÍGER

CABO VERDE

SENEGAL

GAMBIA

GUINEA-BISÁU

GUINEA

BURKINA FASO

SIERRA LEONA

GHANA

TOGO

BENIN

NIGERIA

COSTA DE MARFIL

LIBERIA

OCÉANO ATLÁNTICO

GOLFO DE GUINEA

Bioko

CAMERÚ

GUINEA ECUATORIAL

Santo Tomé y Príncipe

GABÓN

CONG

N
O · E
S

## HÁBITATS

Selvas tropicales

Bosques de hoja caduca

Bosques de coníferas

Praderas tropicales

Matorrales

Desiertos

Humedales

Montañas

Manglares

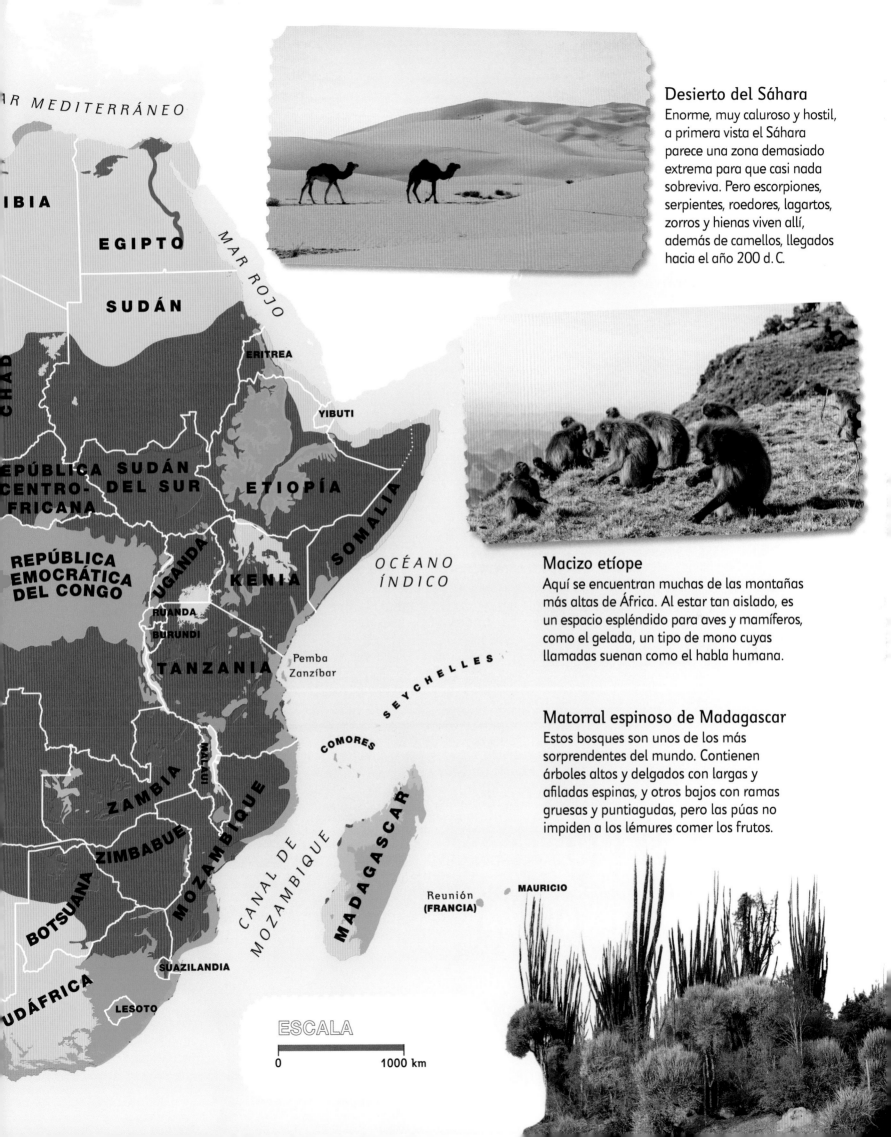

MAR MEDITERRÁNEO

IBIA

EGIPTO

MAR ROJO

SUDÁN

CHAD

ERITREA

YIBUTI

REPÚBLICA SUDÁN
CENTRO- DEL SUR
FRICANA

ETIOPÍA

SOMALIA

REPÚBLICA
EMOCRÁTICA
DEL CONGO

UGANDA

KENIA

OCÉANO
ÍNDICO

RUANDA

BURUNDI

TANZANIA

Pemba
Zanzíbar

SEYCHELLES

COMORES

ZAMBIA

MALAUI

ZIMBABUE

MOZAMBIQUE

BOTSUANA

CANAL DE
MOZAMBIQUE

MADAGASCAR

Reunión
(FRANCIA)

MAURICIO

SUAZILANDIA

UDÁFRICA

LESOTO

ESCALA

0          1000 km

## Desierto del Sáhara

Enorme, muy caluroso y hostil, a primera vista el Sáhara parece una zona demasiado extrema para que casi nada sobreviva. Pero escorpiones, serpientes, roedores, lagartos, zorros y hienas viven allí, además de camellos, llegados hacia el año 200 d. C.

## Macizo etíope

Aquí se encuentran muchas de las montañas más altas de África. Al estar tan aislado, es un espacio espléndido para aves y mamíferos, como el gelada, un tipo de mono cuyas llamadas suenan como el habla humana.

## Matorral espinoso de Madagascar

Estos bosques son unos de los más sorprendentes del mundo. Contienen árboles altos y delgados con largas y afiladas espinas, y otros bajos con ramas gruesas y puntiagudas, pero las púas no impiden a los lémures comer los frutos.

Argel

M A R R U E C O S

Rabat

ATLAS

Este es el único
bóvido salvaje
de África. Al
enfrentarse, los
machos chocan
las cabezas.

Con solo 10 cm, este
lagarto se lame los
ojos para limpiarlos.

Arrui

Los «cuernos» de esta
serpiente protegen sus
ojos de la arena.

Geco de las dunas

SÁHARA
OCCIDENTAL

Víbora cornuda

MACIZO DE AHAGGAR

# Hiena rayada

Este cazador nocturno tiene
dientes y mandíbulas tan
fuertes que puede triturar
huesos. También hay
en Asia, en una zona
tan lejana de África
como la India.

Varano del desierto

Este lagarto usa
la larga y fuerte cola
como un látigo para
defenderse.

ARGELIA

ADRAR DE LOS IFORAS

OCÉANO ATLÁNTICO

MAURITANIA

El addax, en peligro
de extinción, tiene
cuernos de hasta
120 cm de largo.

MALÍ

Miles de millones
de langostas forman
enjambres que se
extienden más
de 50 km.

Nuakchot

Addax

Níger

Langosta
del desierto

NÍGER

ESCALA

0       250 km

Niamey

Bamako

# DESIERTO DEL SÁHARA

El Sáhara es el mayor desierto cálido de la Tierra.
Ocupa 9 400 000 km² y alberga unas 70 especies
animales y 500 vegetales, que deben afrontar
temperaturas de 57 °C y muy poca lluvia.

Abuja

## Fénec

Las enormes orejas
de este pequeño zorro
no solo le sirven para oír,
también le ayudan a estar
fresco y liberar calor corporal.

Túnez

N
O E
S

MAR MEDITERRÁNEO

Trípoli

El Cairo

EGIPTO

*El veneno de este escorpión es muy tóxico, incluso mortal para los humanos.*

**Escorpión amarillo**

*Este cocodrilo alcanza los 6 m de largo, pesa 1000 kg y vive hasta 40 años.*

LIBIA

*Las patas traseras de este pequeño jerbo son cuatro veces más largas que las delanteras.*

**Jerbo de Egipto**

**Cocodrilo del Nilo**

Nilo

MAR ROJO

*El color arena de su plumaje la oculta de los depredadores del desierto.*

Macizo de Ai

MONTAÑAS DE TIBESTI

*Esta ave se alimenta de insectos, hojas, frutos y semillas de los matorrales del desierto.*

*No bebe, ya que esta gacela obtiene la humedad de las flores, hojas y corteza que come.*

**Gacela dorcas**

*Este reptil es la tortuga más grande de África y puede pesar hasta 105 kg.*

**Ganga moruna**

ERITREA

**Tortuga de espolones africana**

Jartum

Asmara

**Avutarda núbica**

SUDÁN

ETIOPÍA

CHAD

NIGERIA

Yamena

Chari

## Ubicación

El Sáhara se extiende por el norte de África, desde el Atlántico al oeste hasta el mar Rojo al este.

## Dromedario

Este animal está bien adaptado al desierto. Almacena grasa en su joroba como alimento, tiene gruesas pestañas para evitar que le entre arena en los ojos y bebe 182 litros de agua de una sola vez.

*Los dromedarios tienen una sola joroba*

37

# CUENCA DEL CONGO

Formada por las tierras bañadas por el río Congo y llamada «el corazón verde de África», la cuenca del Congo es la segunda mayor selva tropical del mundo, con cientos de animales, como bonobos y chimpancés.

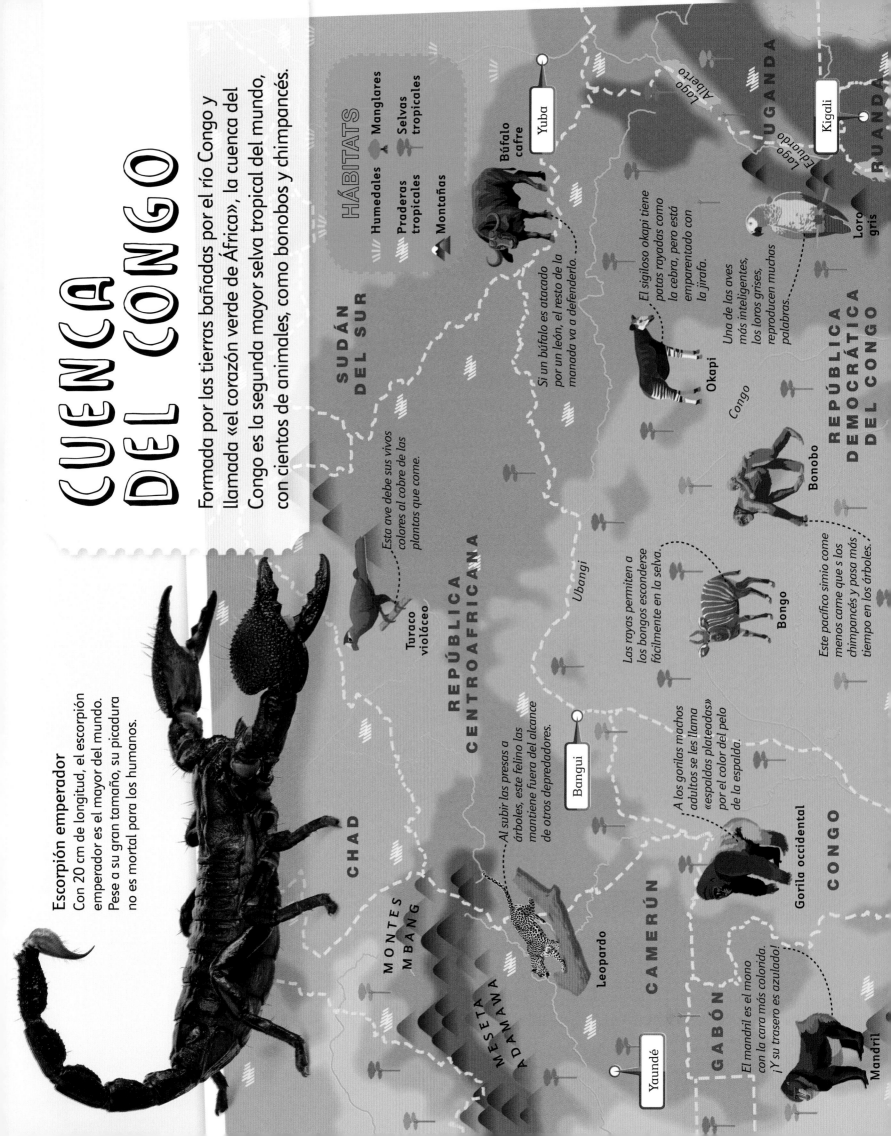

## Escorpión emperador
Con 20 cm de longitud, el escorpión emperador es el mayor del mundo. Pese a su gran tamaño, su picadura no es mortal para los humanos.

### HÁBITATS
- Humedales
- Praderas tropicales
- Montañas
- Manglares
- Selvas tropicales

**CHAD**

**MONTES MBANG**

**MESETA ADAMAWA**

**REPÚBLICA CENTROAFRICANA**

**SUDÁN DEL SUR**

**CAMERÚN**

**GABÓN**

**CONGO**

**REPÚBLICA DEMOCRÁTICA DEL CONGO**

**UGANDA**

**RUANDA**

Yaundé

Bangui

Yuba

Kigali

Lago Alberto

Lago Eduardo

Ubangi

Congo

**Turaco violáceo**
Esta ave debe sus vivos colores al cobre de las plantas que come.

**Búfalo cafre**
Si un búfalo es atacado por un león, el resto de la manada va a defenderlo.

**Okapi**
El sigiloso okapi tiene patas rayadas como la cebra, pero está emparentado con la jirafa.

**Loro gris**
Una de las aves más inteligentes, los loros grises, reproducen muchas palabras.

**Bongo**
Las rayas permiten a los bongos esconderse fácilmente en la selva.

**Bonobo**
Este pacífico simio come menos carne que s los chimpancés y pasa más tiempo en los árboles.

**Leopardo**
Al subir las presas a árboles, este felino las mantiene fuera del alcance de otros depredadores.

**Gorila occidental**
A los gorilas machos adultos se les llama «espaldas plateadas» por el color del pelo de la espalda.

**Mandril**
El mandril es el mono con la cara más colorida. ¡Y su trasero es azulado!

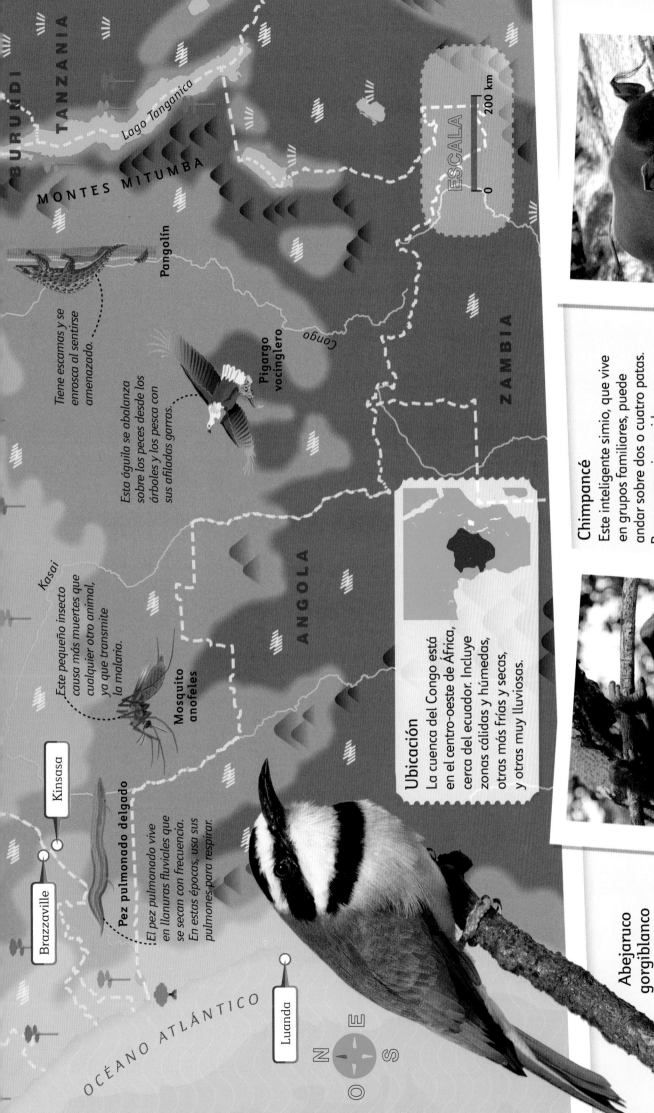

MONTES MITUMBA

BURUNDI

TANZANIA

*Lago Tanganica*

Pangolín

**Tiene escamas y se enrosca al sentirse amenazado.**

ESCALA

0   200 km

*Congo*

Pigargo vocinglero

**Esta águila se abalanza sobre los peces desde los árboles y los pesca con sus afiladas garras.**

ZAMBIA

ANGOLA

*Kasai*

**Este pequeño insecto causa más muertes que cualquier otro animal, ya que transmite la malaria.**

Mosquito anofeles

Kinsasa

Brazzaville

**Pez pulmonado delgado**

**El pez pulmonado vive en llanuras fluviales que se secan con frecuencia. En estas épocas, usa sus pulmones para respirar.**

## Ubicación

La cuenca del Congo está en el centro-oeste de África, cerca del ecuador. Incluye zonas cálidas y húmedas, otras más frías y secas, y otras muy lluviosas.

Luanda

OCÉANO ATLÁNTICO

N O E S

*El potamoquero rojo usa el hocico para localizar sabrosas raíces.*

## Chimpancé

Este inteligente simio, que vive en grupos familiares, puede andar sobre dos o cuatro patas. Para conseguir comida, usa herramientas, como piedras y palos.

### Potamoquero rojo

Estos cerdos, que viven en ruidosos grupos familiares, se desplazan de noche y regresan a sus madrigueras de día para mantenerse frescos.

*Chimpancés y humanos son parientes muy cercanos.*

## Abejaruco gorgiblanco

Esta ave, que vive en grandes familias, se alimenta de abejas y avispas. Antes de comerlas, las frota con una superficie dura para eliminar los aguijones.

# SABANA AFRICANA

Gran parte del sur de África está cubierta de vegetación herbácea. Esta extensa llanura recibe el nombre de sabana. En ella pastan animales como cebras y antílopes, que a su vez atraen depredadores, como los leones.

## HÁBITATS

- 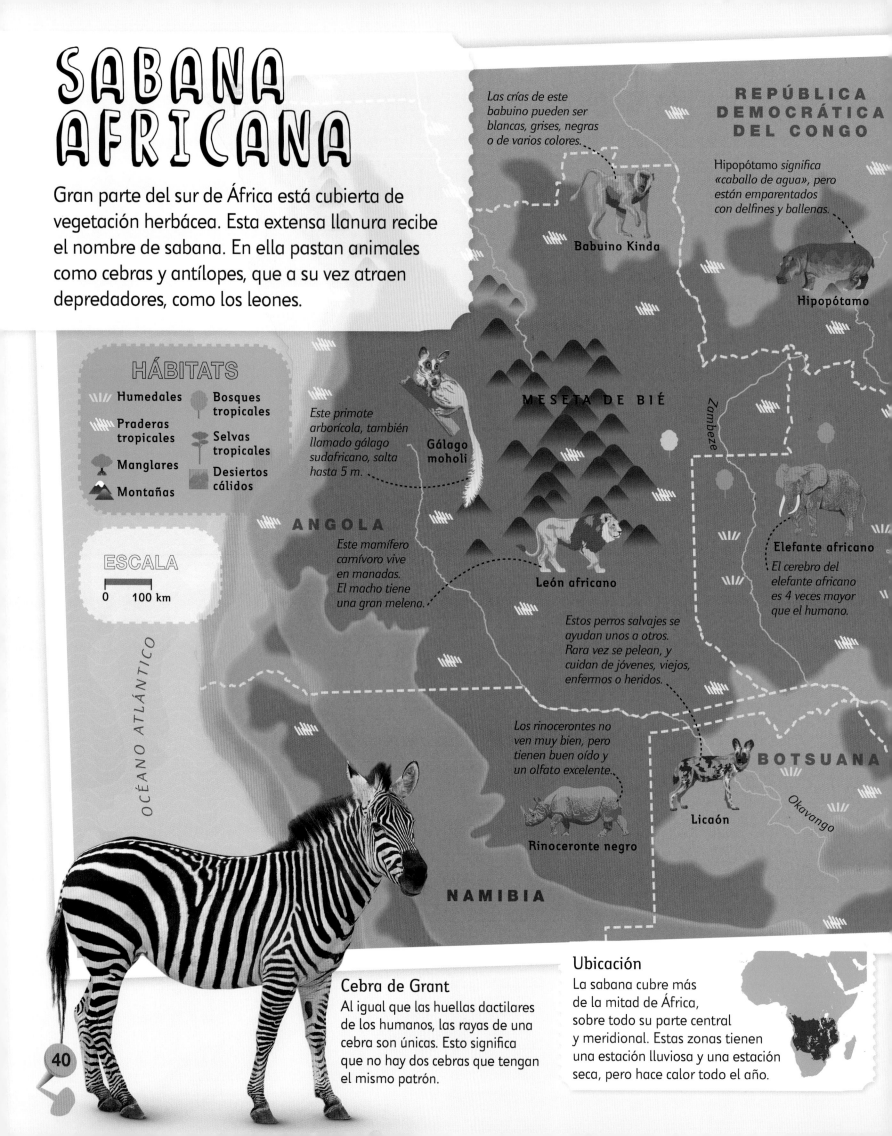 Humedales
- Praderas tropicales
- Manglares
- Montañas
- Bosques tropicales
- Selvas tropicales
- Desiertos cálidos

## ESCALA

0    100 km

OCÉANO ATLÁNTICO

**REPÚBLICA DEMOCRÁTICA DEL CONGO**

Las crías de este babuino pueden ser blancas, grises, negras o de varios colores.

**Babuino Kinda**

Hipopótamo significa «caballo de agua», pero están emparentados con delfines y ballenas.

**Hipopótamo**

Este primate arborícola, también llamado gálago sudafricano, salta hasta 5 m.

**Gálago moholi**

MESETA DE BIÉ

Zambeze

**ANGOLA**

Este mamífero carnívoro vive en manadas. El macho tiene una gran melena.

**León africano**

Estos perros salvajes se ayudan unos a otros. Rara vez se pelean, y cuidan de jóvenes, viejos, enfermos o heridos.

**Elefante africano**

El cerebro del elefante africano es 4 veces mayor que el humano.

Los rinocerontes no ven muy bien, pero tienen buen oído y un olfato excelente.

**BOTSUANA**

Okavango

**Licaón**

**Rinoceronte negro**

**NAMIBIA**

## Cebra de Grant

Al igual que las huellas dactilares de los humanos, las rayas de una cebra son únicas. Esto significa que no hay dos cebras que tengan el mismo patrón.

## Ubicación

La sabana cubre más de la mitad de África, sobre todo su parte central y meridional. Estas zonas tienen una estación lluviosa y una estación seca, pero hace calor todo el año.

TANZANIA

MONTAÑAS MITUMBA

Lago Tanganica

A los impalas macho les crecen cuernos de hasta 92 cm de largo.

Impala

Estos monos se quitan entre ellos la suciedad y los parásitos.

ZAMBIA

MALAUI

Lago Malaui

MONTES MUCHINGA

Vervet

Lilongüe

Uno de los pocos árboles de la sabana, la acacia alimenta a muchos animales, pese a sus terribles espinas.

Acacia

MOZAMBIQUE

Lusaka

Toco piquigualdo sureño

Atrapa insectos con su pico curvo y se los lleva a la boca con un rápido movimiento de cabeza.

Zambeze

Estos flamencos de largas patas sumergen el pico en aguas saladas en busca de algas.

Flamenco enano

MONTAÑAS INYANGA

Harare

Escarabajo pelotero

Los escarabajos peloteros hacen bolas de excrementos que entierran para usarlas como alimento o para poner huevos.

ZIMBABUE

OCÉANO ÍNDICO

### Jirafa

Con 5,8 m de altura, la jirafa es el animal terrestre más alto del mundo. Su largo cuello le permite alcanzar las hojas más altas de las acacias.

CANAL DE MOZAMBIQUE

N
O    E
S

### Ñu azul

El ñu parece una vaca, pero es un tipo de antílope. Recorre unos asombrosos 1609 km al año solo en busca de hierba adecuada para alimentarse.

Los ñus forman grandes rebaños.

41

# DESIERTO DEL KALAHARI

El Kalahari es un enorme desierto arenoso y seco del sur de África. En algunas partes no llueve en 8 meses. Muchos animales tienen que viajar en busca de pasto fresco para comer, perseguidos por depredadores.

## Tejedor republicano

Estas pequeñas aves hacen nidos gigantes con hasta 100 en cada uno. Algunos pesan tanto que rompen el árbol en el que están.

*Los nidos del tejedor republicano pueden durar 100 años.*

## HÁBITATS

ANGOLA

\\\\ Humedales

\\\\ Matorrales

\\\\ Praderas tropicales

Desierto cálido

## Ubicación

El Kalahari cubre gran parte de Botsuana y zonas de Namibia y Sudáfrica. En verano, la temperatura alcanza los 40 °C.

Okavango

*De alas anchas, sobrevuela el desierto en busca de carroña para alimentarse.*

**Buitre dorsiblanco**

### ESCALA

0    100 km

*Con 2,8 m de altura, el avestruz es el ave más grande del mundo. No vuela, pero deja atrás a muchos depredadores.*

*Este antílope se desplaza en grandes manadas. Machos y hembras tienen cuernos.*

**Gacela saltarina**

**Avestruz**

*El jabalí verrugoso se arrodilla sobre las patas delanteras al comer hierba.*

BOTSUANA

*Este mamífero come hasta 50 000 hormigas cada noche.*

OCÉANO ATLÁNTICO

Windhoek

**Jabalí verrugoso**

**Cerdo hormiguero**

*De día, este gran roedor duerme en cuevas o madrigueras y de noche busca plantas para comer.*

## Guepardo

El animal terrestre más rápido del mundo, el guepardo puede correr hasta 110 km/h. Tarda solo 3 segundos en alcanzar su velocidad máxima.

N O S E

NAMIBIA

Gaborone

Pretoria

**Puercoespín sudafricano**

**Rana toro**

*Esta gran rana vive bajo tierra en la estación seca, que puede durar 10 meses al año.*

Vaal

Bloemfontein

SUDÁFRICA

## Suricata

Las suricatas se ayudan para proteger a sus familias. Hacen turnos de guardia y se avisan en caso de peligro.

# MADAGASCAR

Madagascar es la cuarta isla más grande del mundo, y sorprende por la riqueza de su fauna. Aquí viven más de 250 000 especies de animales y dos tercios son endémicos. Por desgracia, mucha de esta fauna está en peligro.

**ESCALA**

0    100 km

## Ubicación

Madagascar se sitúa en el océano Índico, frente a la costa de África. Tiene dos estaciones: cálida y lluviosa, y fresca y seca.

*La piel de los machos es de distintos colores: rosa, azul, rojo, naranja, verde, y amarillo.*

**Camaleón pantera**

CANAL DE MOZAMBIQUE

OCÉANO ÍNDICO

*Las tortugas angonoka macho tratan de voltearse durante las peleas.*

**M A D A G A S C A R**

N
O    E
S

**Tortuga angonoka**

Betsiboka

**Rana tomate**

*El rojo intenso de esta rana advierte de su toxicidad a los depredadores.*

*El grueso y ancho tronco del baobab contiene miles de litros de agua.*

Lago Alaotra

Antananarivo

## Camaleón de hojas

Con solo 29 mm de largo, esta diminuta especie de camaleón era desconocida hasta 2012.

*El camaleón de hojas es quizá el reptil más pequeño del mundo.*

*Parecido a un erizo, a este animal le sobresalen púas del pelaje.*

**Tenrec rayado de tierras bajas**

M A C I Z O   A N K A R A T R A

**Baobab**

## HÁBITATS

🌴 **Manglares**
🏔️ **Montañas**
🌳 **Selvas tropicales**
🌲 **Bosques de hoja caduca**

Mangoky

*Este lémur golpea los árboles con su largo dedo corazón en busca de larvas, su alimento favorito.*

*Este lémur toma el sol cada mañana con los brazos extendidos.*

**Aye-aye**

## Fosa

El mayor depredador de Madagascar es el fosa. Con su larga cola mantiene el equilibrio cuando trepa a los árboles. Caza lémures y peces.

## Mariposa cometa

La mariposa cometa, también llamada polilla malgache, tiene una envergadura de 20 cm y una llamativa cola de 15 cm de largo. La adulta vive solo unos días.

**Lémur de cola anillada**

43

# PARQUE NACIONAL KRUGER

En el Parque Nacional Kruger, en el sur de África, abunda la fauna. Más de 140 especies de mamíferos y cientos de aves viven en su sabana, montañas y bosques tropicales. Los abrevaderos les proporcionan agua durante la estación seca.

*El buitre dorsiblanco es el más común en África.*

## Buitre dorsiblanco

Este gran buitre se alimenta de carroña. Cientos de ellos pueden reunirse para alimentarse de un cadáver, riñendo y peleando entre sí.

**Jirafa** Unas válvulas especiales del cuello de la jirafa impiden que la sangre fluya a la cabeza cuando se inclina para beber.

**Hipopótamo** Tiene los ojos, las orejas y la nariz sobre la cabeza. Así, puede ver, oír y respirar con el resto del cuerpo bajo el agua.

**Tejón de la miel** Con casi 1 m de largo, el tejón es uno de los animales africanos más intrépidos. Incluso lucha con leones.

**Cerdo hormiguero** Utiliza sus anchas y fuertes garras para excavar madrigueras en busca de insectos.

*Las fosas nasales del cerdo hormiguero tienen muchos pelos para evitar que les entre polvo cuando excava.*

## Secretario

Un secretario camina por la sabana con sus largas patas, en busca de saltamontes, topillos y ratones. Mata serpientes pisoteándolas.

44

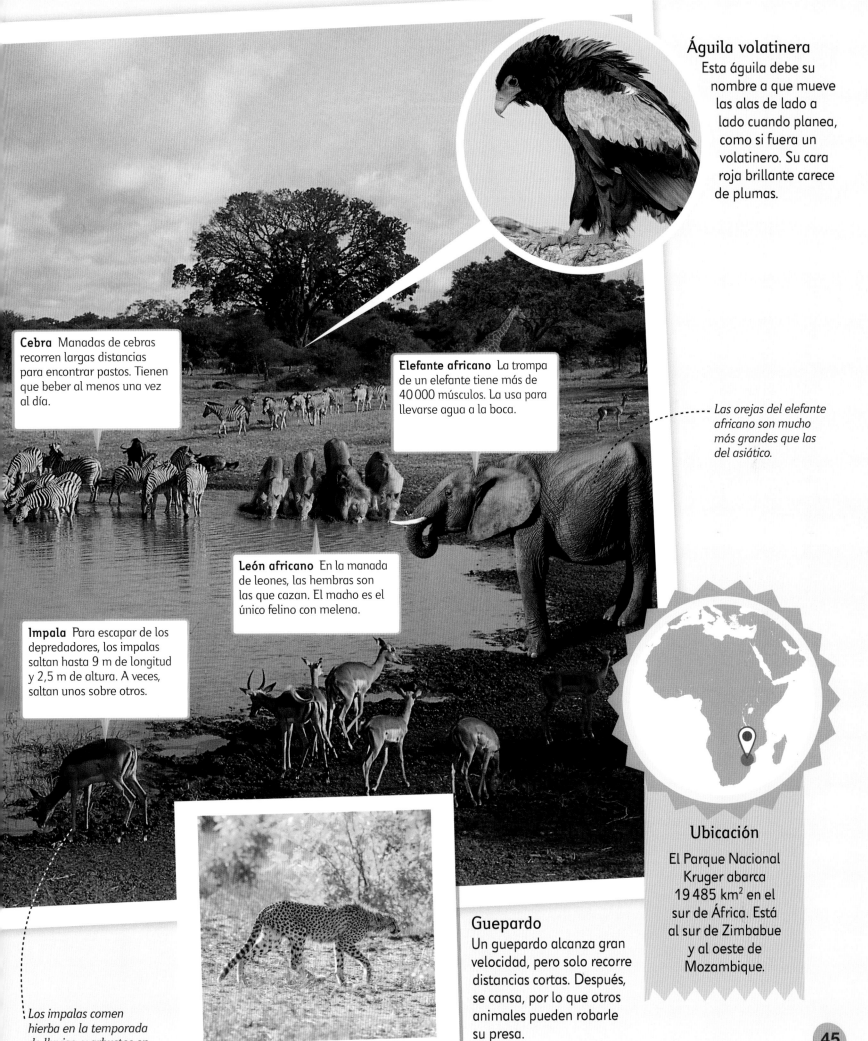

## Águila volatinera
Esta águila debe su nombre a que mueve las alas de lado a lado cuando planea, como si fuera un volatinero. Su cara roja brillante carece de plumas.

**Cebra** Manadas de cebras recorren largas distancias para encontrar pastos. Tienen que beber al menos una vez al día.

**Elefante africano** La trompa de un elefante tiene más de 40 000 músculos. La usa para llevarse agua a la boca.

*Las orejas del elefante africano son mucho más grandes que las del asiático.*

**León africano** En la manada de leones, las hembras son las que cazan. El macho es el único felino con melena.

**Impala** Para escapar de los depredadores, los impalas saltan hasta 9 m de longitud y 2,5 m de altura. A veces, saltan unos sobre otros.

## Ubicación
El Parque Nacional Kruger abarca 19 485 km² en el sur de África. Está al sur de Zimbabue y al oeste de Mozambique.

## Guepardo
Un guepardo alcanza gran velocidad, pero solo recorre distancias cortas. Después, se cansa, por lo que otros animales pueden robarle su presa.

*Los impalas comen hierba en la temporada de lluvias, y arbustos en otras épocas.*

*Los guepardos se distinguen por las manchas negras de su pelaje.*

# EUROPA

A primera vista, los 748 millones de personas que viven en Europa parecen ser demasiadas para que haya vida salvaje. Sin embargo, sus bosques, playas, montañas y pastizales ofrecen a los animales muchos hábitats donde elegir.

## HÁBITATS

- Bosques de hoja caduca
- Bosques de coníferas
- Matorrales
- Praderas templadas
- Desiertos
- Tundra
- Hielo

### Páramos escoceses

Extensos páramos cubren el norte de Escocia. Este lluvioso y montañoso territorio está formado por turbas con musgo. En él crecen brezos, arbustos de flores rosadas y moradas, donde viven insectos, aves y pequeños mamíferos.

### La Camarga

Este humedal costero se extiende por el delta del río Ródano. Los 930 km² de marismas albergan 400 especies de aves y animales únicos en la zona, como el caballo camargue.

ISLANDIA

OCÉANO ATLÁNTICO

Islas Feroe

MAR DE NORUEGA

Islas Shetland

NORUEGA

SUECIA

MAR DEL NORTE

DINAMARCA

Bornho

IRLANDA

Isla de Man

REINO UNIDO

PAÍSES BAJOS

ALEMANIA

Islas del Canal

BÉLGICA

LUXEMBURGO

REPÚBL CH

GOLFO DE VIZCAYA

FRANCIA

LIECHTENSTEIN

SUIZA

AUSTR

ESLOV

Azores

SAN MARINO

MAR ADR

CRO

ANDORRA

MÓNACO

ITALIA

PORTUGAL

Córcega

ESPAÑA

Mallorca    Menorca

Ibiza

CIUDAD DEL VATICANO

Cerdeña

Islas Baleares

MAR TIRRENO

Gibraltar

MAR MEDITERRÁNEO

Sicilia

Madeira

MALTA

## Taiga

En los bosques de coníferas de Noruega, Suecia, Finlandia, Rusia e Islandia los inviernos son largos y fríos, y los veranos templados. Así, animales como el uapití habitan esta zona porque se calientan con facilidad.

## Litoral mediterráneo

Miles de personas viven cerca del mar Mediterráneo, una zona que recibe muchos turistas. Esto deja poco espacio para la fauna salvaje. Sin embargo, en las islas de alta mar, hay grandes mamíferos, como la foca monje del Mediterráneo, que está en peligro de extinción.

## Cárpatos

Los Cárpatos se extienden a lo largo de 1500 km por Europa Central y Oriental. En esta zona viven lobos, jabalíes y unos 8000 osos pardos, sobre todo en Eslovaquia, Polonia, Ucrania y Rumanía.

ESCALA
0                    1000 km

FINLANDIA

RUSIA
(Rusia Europea)

BÁLTICO
ESTONIA
LETONIA
LITUANIA
RUSIA
(KALININGRADO)

BIELORRUSIA

ONIA

UCRANIA

VAQUIA
MOLDAVIA
NGRÍA

RUMANÍA

SERBIA
KOSOVO
(EN DISPUTA)
MACEDONIA
ALBANIA

BULGARIA
TURQUÍA

GRECIA

Crimea

MAR NEGRO

MAR CASPIO

MAR EGEO

MAR JÓNICO

Creta

N O E S

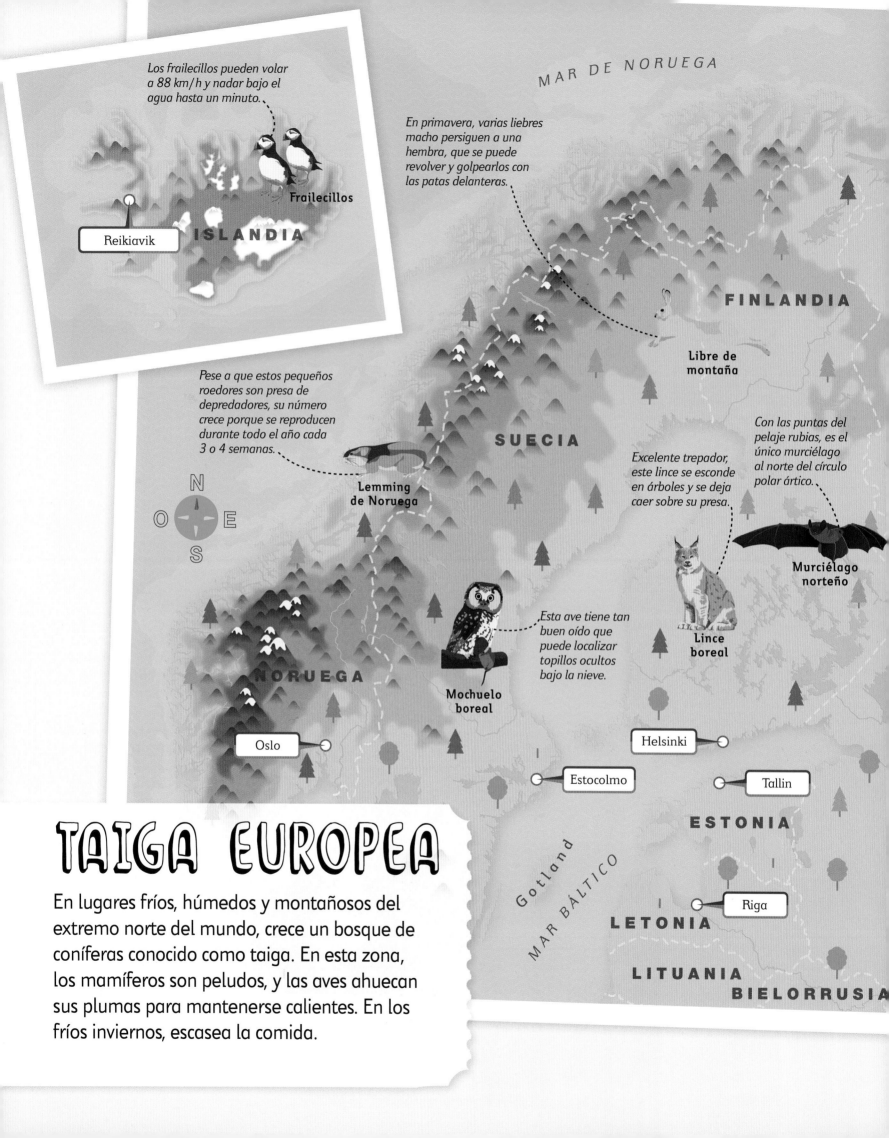

MAR DE NORUEGA

Los frailecillos pueden volar a 88 km/h y nadar bajo el agua hasta un minuto.

**Frailecillos**

Reikiavik

ISLANDIA

En primavera, varias liebres macho persiguen a una hembra, que se puede revolver y golpearlos con las patas delanteras.

FINLANDIA

**Libre de montaña**

Pese a que estos pequeños roedores son presa de depredadores, su número crece porque se reproducen durante todo el año cada 3 o 4 semanas.

SUECIA

Con las puntas del pelaje rubias, es el único murciélago al norte del círculo polar ártico.

Excelente trepador, este lince se esconde en árboles y se deja caer sobre su presa.

**Lemming de Noruega**

N
O  E
S

**Murciélago norteño**

Esta ave tiene tan buen oído que puede localizar topillos ocultos bajo la nieve.

**Lince boreal**

**Mochuelo boreal**

NORUEGA

Oslo

Helsinki

Estocolmo

Tallin

ESTONIA

# TAIGA EUROPEA

En lugares fríos, húmedos y montañosos del extremo norte del mundo, crece un bosque de coníferas conocido como taiga. En esta zona, los mamíferos son peludos, y las aves ahuecan sus plumas para mantenerse calientes. En los fríos inviernos, escasea la comida.

Gotland

MAR BÁLTICO

Riga

LETONIA

LITUANIA

BIELORRUSIA

## Corneja negra
Este cuervo tiene un cerebro enorme para su tamaño y es tan inteligente que hace y usa herramientas, y reconoce caras.

MAR DE BARENTS

Este pato traga mejillones enteros y rompe el caparazón en el buche.

## Eider
Esta ave es el pato más grande del hemisferio norte. Las hembras llevan a las crías al mar, donde nadan en grupos de más de 150 polluelos.

Esta ave se sirve de su pico cruzado para sacar las semillas de las piñas con facilidad.

**Piquituerto lorito**

El glotón es el mayor miembro de la familia de las comadrejas. Tritura huesos con los dientes.

Utilizada como árbol de Navidad, la pícea puede alcanzar 40 m de altura y vivir 1000 años.

Se zambulle en el agua con los pies por delante para atrapar peces con las garras.

**Águila pescadora**

**Glotón**

**Pícea común**

**FEDERACIÓN RUSA**

Dviná Septentrional

En invierno sobrevive almacenando comida, sobre todo bayas, que esconde en árboles o cubre con corteza y líquenes.

ESCALA

0     100 km

Lago Onega

La zona donde los urogallos macho bailan su danza para atraer a las hembras se llama lek. En este cortejo levantan la cola, bajan las alas y emiten sonidos.

**Arrendajo siberiano**

## HÁBITATS
Montañas      Bosques de coníferas

Bosques de hoja caduca

**Urogallo común**

Súiona

Su piel segrega una sustancia desagradable que evita que se lo coman la mayoría de los depredadores. Vive hasta 40 años.

**Sapo común**

## Armiño
El armiño es un veloz miembro de la familia de las comadrejas. De color marrón rojizo, en invierno su pelaje se vuelve blanco. Esto dificulta verlo en la nieve, aunque la punta de la cola siempre es oscura.

## Ubicación
Esta zona de la taiga se extiende desde el noreste de Europa hasta los montes Urales, al oeste de Rusia. Los inviernos son muy fríos y nieva mucho.

Armiño con su pelaje invernal.

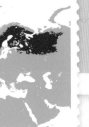

# ISLAS BRITÁNICAS

En las islas británicas (Inglaterra, Escocia, Gales e Irlanda del Norte y la República de Irlanda) habían vivido lobos y osos, pero hoy el mamífero salvaje más grande es el ciervo.

## Tejón común

Seis o más tejones conviven en tejoneras subterráneas, que excavan con sus poderosas garras. Un único individuo come cientos de lombrices en una sola noche.

El erizo común tiene unas 5000 púas.

## Erizo común

Aunque come lombrices y babosas, este erizo prefiere los insectos, e incluso las avispas y abejas. Si se siente amenazado, se hace un ovillo.

Este roedor vive en bosques de coníferas. Se alimenta de frutos, semillas e insectos.

Ardilla roja

Parece un gato doméstico, pero este salvaje y feroz depredador tiene unas garras muy afiladas.

Gato montés de Escocia

**MONTES GRAMPIANOS**

Los 6 cm de grasa bajo la piel mantienen caliente a este mamífero marino en las frías aguas británicas.

Foca gris

Islas Orcadas

Islas Shetland

Hébridas Interiores

Hébridas Exteriores

MAR DEL NORTE

Edimburgo

Clyde

Escocia

OCÉANO ATLÁNTICO

N
O    E
S

## ESCALA

0    50 km

## HÁBITATS

〰 Humedales

▲ Montañas

▲ Bosques de coníferas

● Bosques de hoja caduca

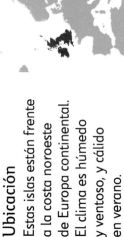

## Ubicación

Estas islas están frente a la costa noroeste de Europa continental. El clima es húmedo y ventoso, y cálido en verano.

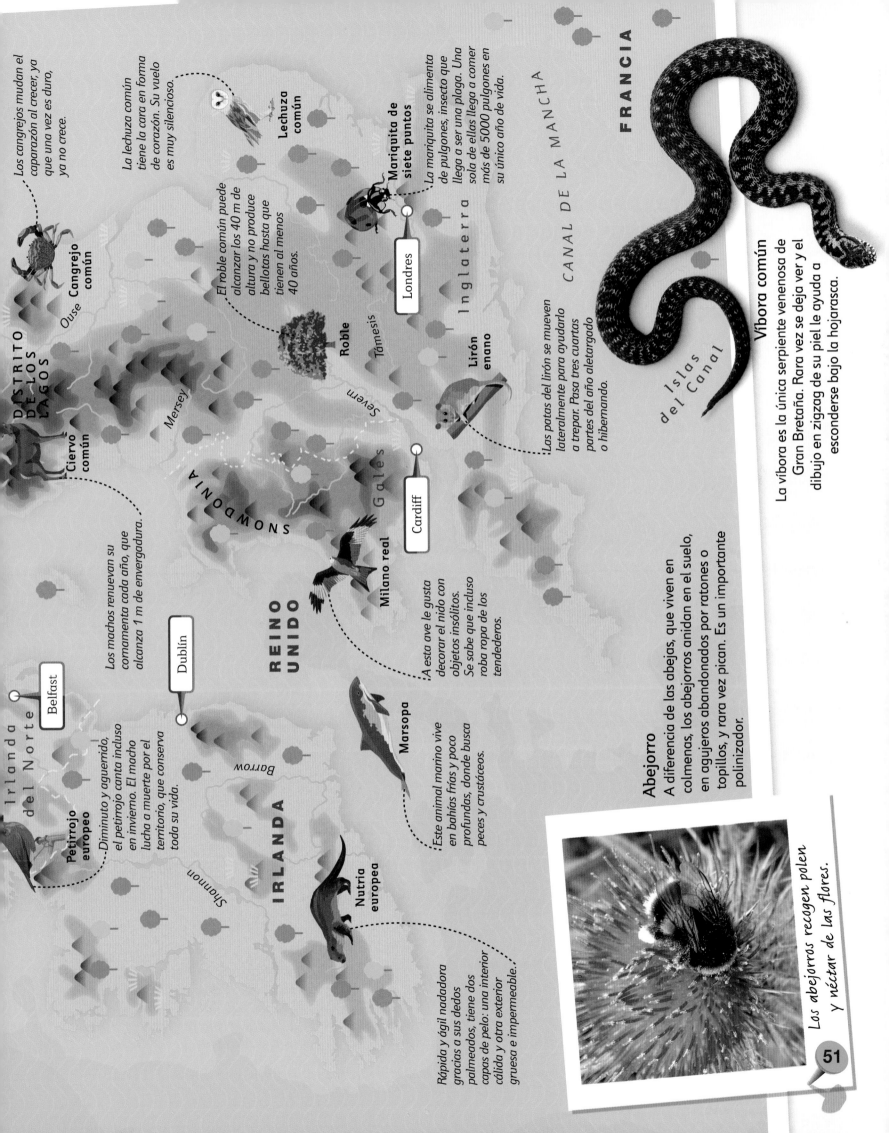

Los cangrejos mudan el caparazón al crecer, ya que una vez es duro, ya no crece.

**Cangrejo común**

*Ouse*

**DISTRITO DE LOS LAGOS**

La lechuza común tiene la cara en forma de corazón. Su vuelo es muy silencioso.

**Lechuza común**

La mariquita se alimenta de pulgones, insecto que llega a ser una plaga. Una sola de ellas llega a comer más de 5000 pulgones en su único año de vida.

**Mariquita de siete puntos**

**Londres**

El roble común puede alcanzar los 40 m de altura y no produce bellotas hasta que tienen al menos 40 años.

**Roble**

*Támesis*

**Inglaterra**

*Mersey*

**Ciervo común**

*Severn*

Las patas del lirón se mueven lateralmente para ayudarlo a trepar. Pasa tres cuartas partes del año aletargado o hibernando.

**Lirón enano**

**S N O W D O N I A**

**G a l e s**

**Cardiff**

**CANAL DE LA MANCHA**

**FRANCIA**

*Islas del Canal*

### Víbora común

La víbora es la única serpiente venenosa de Gran Bretaña. Rara vez se deja ver y el dibujo en zigzag de su piel le ayuda a esconderse bajo la hojarasca.

A esta ave le gusta decorar el nido con objetos insólitos. Se sabe que incluso roba ropa de los tendederos.

**Milano real**

**REINO UNIDO**

Los machos renuevan su cornamenta cada año, que alcanza 1 m de envergadura.

**Dublín**

**Belfast**

**Irlanda del Norte**

Diminuto y aguerrido, el petirrojo canta incluso en invierno. El macho lucha a muerte por el territorio, que conserva toda su vida.

**Petirrojo europeo**

*Barrow*

**Marsopa**

Este animal marino vive en bahías frías y poco profundas, donde busca peces y crustáceos.

*Shannon*

**IRLANDA**

**Nutria europea**

Rápida y ágil nadadora gracias a sus dedos palmeados, tiene dos capas de pelo: una interior cálida y otra exterior gruesa e impermeable.

### Abejorro

A diferencia de las abejas, que viven en colmenas, los abejorros anidan en el suelo, en agujeros abandonados por ratones o topillos, y rara vez pican. Es un importante polinizador.

*Los abejorros recogen polen y néctar de las flores.*

51

# BOSQUES EUROPEOS

Aquí, los bosques tienen diversos tipos de árboles. En algunos, como el Bosque bávaro (Alemania), abundan coníferas como la pícea. En el bosque de Białoweża (Polonia), los árboles son de hoja ancha, como el roble. Pero todos son propicios a la fauna.

NORUEGA

FINLANDI

Oslo

Estocolmo

SUECIA

MAR BÁLTICO

Copenhague

LETONIA

E

*Este pequeño roedor no hiberna, se alimenta de plantas que encuentra debajo de la nieve.*

DINAMARCA

LITUAN

*Las familias de herrerillos se reúnen en invierno en busca de semillas; en verano se alimentan de insectos.*

La Haya

PAÍSES BAJOS

ALEMANIA

*En una colonia de estas hormigas hay unas 250000 obreras. Rocían ácido fórmico para mantener lejos a los enemigos.*

Topillo rojo

Ámsterdam

Berlín

Londres

Varsovia

ISLAS BRITÁNICAS

Bruselas

*Aunque parezca terrorífico, este milpiés, solo come plantas en descomposición.*

Hormiga roja

POLONIA

*Estas aves viven en África en invierno y anidan en Europa en primavera. De plumas moteadas, se ocultan entre la hojarasca.*

BÉLGICA
LUXEMBURGO

Herrerillo común

Praga

REPÚBLICA CHECA

*El macho de este escarabajo, de 7,5 cm de largo, tiene unas mandíbulas que parecen la cornamenta de un ciervo, de ahí su nombre.*

París

Milpiés negro

LIECHTENSTEIN

Viena

ESLOVAQUIA

Chotacabras gris

Berna

AUSTRIA

Bratislava

*Este visón es uno de los mamíferos más amenazados de Europa. Vive cerca de los ríos y caza por la noche.*

FRANCIA

SUIZA

ESLOVENIA

Budapest

Liubliana

HUNGRÍA

Lucano ciervo

RUMANÍ

Zagreb

SERBIA

Visón europeo

MÓNACO

SAN MARINO

CROACIA

BOSNIA Y HERZEGOVINA

Belgrado

Sarajevo

Pristina

Sofía

ANDORRA

CIUDAD DEL VATICANO

MONTENEGRO

KOSOVO

Podgorica

Skopie

Roma

ITALIA

Tirana

MACEDONIA

ALBANIA

MAR MEDITERRÁNEO

GRECIA

52

*Al saltar, el zorro se equilibra con su característica cola.*

## Zorro rojo

Este mamífero se adapta a distintos medios, tanto a granjas como a zonas urbanas, pantanos o cimas de montaña. Vive en más zonas del mundo que cualquier otro carnívoro.

## Ubicación

En Europa existen zonas boscosas desde Portugal hasta Rusia. Algunas son calurosas en verano y otras más frías todo el año.

Lago Onega

Lago de Ládoga

sinki

allin

ESCALA

0    200 km

*A los antiguos romanos les gustaba comer estos animales.*

**Paloma torcaz**

*A esta paloma, que vive en bosques, parques y jardines, las plumas le pesan más que el esqueleto.*

La comadreja mide solo 24 cm de largo.

**Lirón gris**

Vilna

Minsk

Moscú

*La dieta de este herbívoro incluye hongos, helechos, hojas y bellotas. Las crías se llaman corcinos.*

**Corzo**

**Culebra de collar**

## Comadreja

Pequeña, enérgica y letal, la comadreja caza ratones y topillos en su madriguera, que a menudo usa como propia. En invierno, forra el refugio con la piel de sus presas.

BIELORRUSIA

FEDERACIÓN RUSA

Don

Volga

*No es venenosa. Si se ve amenazada, se hace la muerta o suelta una sustancia maloliente.*

### HÁBITATS

Matorrales    Bosques de coníferas

Praderas templadas    Bosques de hoja caduca

Montañas

Kiev

*La abubilla tiene el pico largo y algo arqueado, y un penacho de plumas en la cabeza. Pasa gran parte del tiempo en el suelo cazando insectos.*

**Abubilla**

*Este antepasado salvaje del cerdo doméstico vive en todos los continentes excepto la Antártida. Los machos miden 1,8 m de largo y pesan 300 kg.*

**Jabalí**

MOLDAVIA

UCRANIA

N    O    E    S

Chisináu

Bucarest

MAR NEGRO

ARIA

## Murciélago ribereño

Este superdormilón hiberna durante 6 meses al año. Le gusta posarse en cuevas, minas abandonadas, túneles o árboles huecos, cerca del agua.

Los murciélagos usan el sonido para localizar insectos por la noche.

## Búho real

Con casi 2 m de envergadura, es uno de los mayores búhos del mundo: caza incluso zorros adultos y ciervos jóvenes.

# LOS ALPES

La cordillera de los Alpes separa las frías tierras del norte de Europa del sur cálido. Lagos, glaciares, praderas y bosques son hábitats idóneos para muchos animales. Hasta 30 000 especies habitan aquí.

## Ubicación

Los Alpes se extienden por ocho países. Las cimas están siempre nevadas, pero en verano, las zonas bajas alcanzan los 30 °C.

*Las musarañas jóvenes van en fila detrás de su madre, agarradas de la cola de la que va delante.*

ALEMANIA

AUSTRIA

*Este mamífero ungulado corre a 50 km/h, incluso si la montaña está nevada.*

LIECHTENSTEIN

SUIZA

Musaraña alpina

FRANCIA

Rebeco

ESLOVENIA

Berna

*Esta perdiz se vuelve blanca en invierno para ocultarse de los depredadores.*

Perdiz nival

Liubliana

Chova

CROACIA

Mariposa Apolo

*Las manchas rojas brillantes de esta mariposa, en peligro de extinción, pierden intensidad con el sol.*

*Se ha visto a una chova elevarse hasta 8000 m sobre el nivel del mar.*

ITALIA

Íbice alpino

*Los cuernos de los machos son largos y curvos, y alcanzan los 100 cm de largo.*

ESCALA

0        100 km

## HÁBITATS

\\\\// Matorrales

▲ Bosques de coníferas

▲ Montañas

*Pese a sus hábitos nocturnos, esta pequeña salamandra también sale de día después de llover.*

Salamandra alpina

● Bosques de hoja caduca

## Marta

Las martas son excelentes escaladoras gracias a sus poderosas extremidades. Corren incluso entre los árboles para cazar ardillas.

## Marmota alpina

Esta marmota excava madrigueras profundas y estrechas en las que hiberna 9 meses al año. Durante este tiempo, respira solo entre 1 y 2 veces por minuto.

*La marmota vive en prados y pastos de altura.*

# ESTEPA EUROPEA

Aquí abundan las praderas templadas. Muchos animales son visitantes estacionales procedentes de diversos hábitats, mientras que otros, como hámsteres y topos, viven aquí todo el año.

## Hámster europeo

En verano y en otoño, excava bajo tierra madrigueras de 50 cm. En invierno, puede alcanzar los 2 m de profundidad. Cuando nada, infla las bolsas de las mejillas que actúan como alas acuáticas.

*Este hámster se distingue por tener el vientre negro.*

**FEDERACIÓN RUSA**

ESCALA

0    200 km

Minsk

*Este estornino se alimenta de langostas y saltamontes que caza en la estepa.*

*El colorido turón jaspeado recorre 1 km por noche en busca de comida.*

**Águila real**

*Esta gran rapaz vive hasta 32 años. Anida en árboles altos o en el saliente de un acantilado.*

**BIELORRUSIA**

*El topo gira las grandes patas delanteras hacia fuera para ayudarle a excavar túneles.*

Kiev

**Estornino rosado**

**Turón jaspeado**

*Aunque cada una tiene su madriguera, puede haber 6000 ratas topo gigantes en solo 1 km² de pradera.*

**UCRANIA**

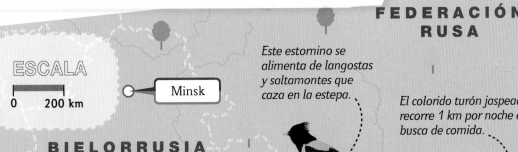

**Topo común**

**Avutarda común**

**Ratón espiguero**

*Con solo 6 g de peso, este ratón es el roedor más pequeño de Europa.*

**Rata topo gigante**

## HÁBITATS

Praderas templadas
 Bosques de coníferas

 Matorrales
 Bosques de hoja caduca

Montañas

**RUMANÍA**

Bucarest

*Es el ave voladora más pesada: el macho pesa hasta 16 kg.*

**BULGARIA**

Sofía

N
O    E
S

**MACEDONIA**

## Ubicación

La estepa europea se extiende desde Rumanía al oeste hasta los Montes Urales al este, donde se une a la estepa asiática.

*Solo los machos tienen cresta en el dorso.*

## Ruiseñor

Este pequeño pájaro no destaca por su aspecto, sino por el canto. Puede componer un sinfín de frases y notas musicales que otros pájaros no pueden emitir.

## Tritón crestado

También llamado verrugoso, este anfibio alcanza los 17 cm de largo. Es más activo de noche, y de día se esconde en estanques o bajo troncos y piedras.

# MATORRAL MEDITERRÁNEO

En el litoral mediterráneo abundan los montes rocosos y las llanuras arbustivas. Este hábitat se halla en pocas zonas del mundo y las plantas y animales se enfrentan a un clima cálido y seco.

## Camaleón mediterráneo

Es una de las dos únicas especies de camaleón de Europa. Con su lengua pegajosa atrapa insectos y duplica la longitud de su cuerpo.

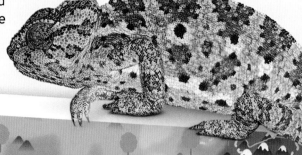

**FRANCIA**

**MÓNACO**

Garona

Ródano

N O E S

*Este lobo es más delgado y pequeño que otros europeos. Caza conejos, ciervos, jabalíes y peces.*

Ebro

**PIRINEOS**

**ANDORRA**

**Escolopendra**

*Este ciempiés paraliza a su presa con una mordedura venenosa; también produce dolorosas picaduras a los humanos. ¡Mantente lejos!*

**Ranita meridional**

*Esta rana es verde o azul. Las ventosas en los dedos de las patas le permiten trepar con facilidad.*

**ESPAÑA**

**Lobo ibérico**

**PORTUGAL**

Madrid

Tajo

**Lagarto ocelado**

Cerdeña Córcega

*El cuco pone los huevos en nidos de otras aves. Cuando el polluelo sale del cascarón, echa los demás huevos cuyos padres lo alimentan.*

**Cuco**

Lisboa

*Este mono vive en el norte de África y en el peñón de Gibraltar, al sur de España. Es el único mono salvaje de Europa.*

Mallorca

**Cabra montés**

*Con ocelos de color azul como zafiros, es el lagarto más grande de Europa y alcanza los 60 cm de largo.*

**Cerdo ibérico**

*Este cerdo es un animal de granja que vive en campo abierto. Se nutre de raíces, setas y bellotas.*

**Macaco de Gibraltar**

*Especie de cabra salvaje, el macho tiene cuernos de hasta 75 cm.*

**MAR MEDITERRÁNEO**

## HÁBITATS

- Matorrales
- Humedales
- Montañas
- Bosques de coníferas
- Bosques de hoja caduca

**ESCALA**

0 — 200 km

## Conejo europeo

El conejo europeo es el antepasado de todos los conejos domésticos del mundo. A diferencia de su enemigo el lince ibérico, el conejo se ve en jardines y parques urbanos.

## Ubicación

Esta región incluye el sur de Europa alrededor del Mediterráneo, y las islas que comparten un hábitat similar, como Creta.

### Polilla

Al igual que los colibríes, este insecto bate las alas tan rápido que emite un zumbido. Se alimenta del néctar de flores como la buddleja y la madreselva.

*Día tras día, esta polilla volverá a una flor rica en néctar.*

### Lince ibérico

Quedan menos de 900 ejemplares de este lince en estado salvaje. Es uno de los felinos más amenazados de la Tierra. Lo positivo es que son más del doble de los que había hace apenas unos años.

*Este felino caza un solo animal: conejos.*

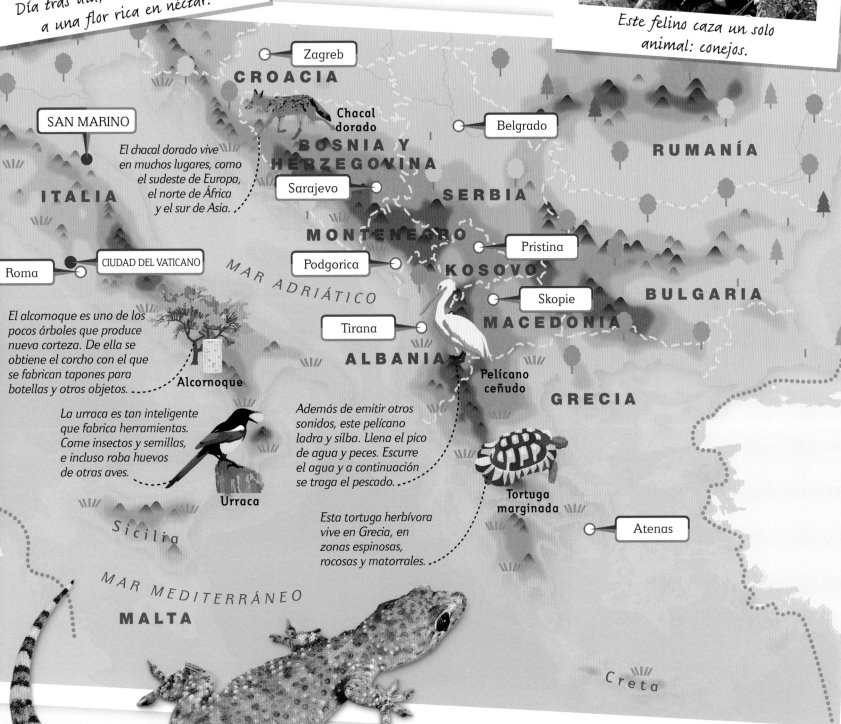

Zagreb

**CROACIA**

SAN MARINO

Chacal dorado

*El chacal dorado vive en muchos lugares, como el sudeste de Europa, el norte de África y el sur de Asia.*

**ITALIA**

**BOSNIA Y HERZEGOVINA**

Sarajevo

Belgrado

**RUMANÍA**

**SERBIA**

**MONTENEGRO**

Roma

CIUDAD DEL VATICANO

MAR ADRIÁTICO

Podgorica

Pristina

**KOSOVO**

Skopie

**BULGARIA**

*El alcornoque es uno de los pocos árboles que produce nueva corteza. De ella se obtiene el corcho con el que se fabrican tapones para botellas y otros objetos.*

Alcornoque

Tirana

**MACEDONIA**

Pelícano ceñudo

**GRECIA**

*La urraca es tan inteligente que fabrica herramientas. Come insectos y semillas, e incluso roba huevos de otras aves.*

**ALBANIA**

*Además de emitir otros sonidos, este pelícano ladra y silba. Llena el pico de agua y peces. Escurre el agua y a continuación se traga el pescado.*

Urraca

Tortuga marginada

*Esta tortuga herbívora vive en Grecia, en zonas espinosas, rocosas y matorrales.*

Atenas

Sicilia

MAR MEDITERRÁNEO

**MALTA**

Creta

### Salamanquesa rosada

Esta pequeña salamanquesa nocturna mide unos 10 cm de largo y pesa como un terrón de azúcar. Trepa por paredes y árboles para atrapar cucarachas y polillas.

# BOSQUE DE BIAŁOWIEŻA

El de Białowieża es el único bosque primigenio de las tierras bajas de Europa. Vegetación como esta cubría antaño todo el noreste de Europa. Con árboles y hábitats únicos, alberga miles de animales, como el bisonte europeo.

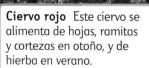

**Ciervo rojo** Este ciervo se alimenta de hojas, ramitas y cortezas en otoño, y de hierba en verano.

*Todos los perros domésticos descienden del lobo gris.*

## Lobo gris

El lobo gris se encuentra en Europa, América del Norte y Asia. Manadas de cuatro a cinco lobos cazan ciervos, alces, jabalíes, conejos y castores.

**Marta** Emparentada con la comadreja, la marta caza en los árboles. Persigue pequeños mamíferos, como las ardillas.

**Zorro rojo** Este zorro tiene una alimentación variada. En Białowieża, come ratones, liebres y carroña de ciervos abatidos por lobos o linces.

*Los zorros rojos machos y hembras comparten un territorio donde cuidan a sus crías.*

## Sapo común

Muchas partes de este bosque son húmedas, como las zonas pantanosas en las que crecen las píceas. Estos hábitats son el hogar perfecto para el sapo común.

En este bosque hay árboles vivos y muertos. Los murciélagos anidan en huecos en árboles podridos o en nidos de los pájaros carpinteros.

**Pájaro carpintero** Estas aves anidan en agujeros que hacen en los troncos de los árboles. Se alimentan de los insectos de la corteza.

**Bisonte europeo** El bisonte es el mayor mamífero terrestre de Europa. Hay unos 900 en el bosque de Białowieża.

**Cárabo común** Esta rapaz caza por la noche pájaros, roedores, anfibios como ranas y murciélagos.

**Ratón leonado** A este ratón le gusta vivir en los bosques, porque come muchas semillas de árboles. Es un excelente trepador.

**Ardilla roja** A la ardilla roja le gusta comer semillas, sobre todo de coníferas.

**Tejón** Este mamífero carnívoro abunda en los bosques, donde, además de gusanos, encuentra muchos árboles huecos en los que refugiarse de día.

## Nóctulo
Este murciélago anida en huecos de árboles, a suficiente altura para evitar depredadores como las martas. Es uno de los primeros en salir por la noche para atrapar polillas y hormigas voladoras.

## Ubicación
Este bosque abarca 1500 km² en Polonia y Bielorrusia. Las temperaturas anuales oscilan entre los -6 y los 24 °C.

## Castor europeo
El castor europeo desapareció de Białowieża a mediados del siglo XIX debido a la caza. Fue reintroducido en 1956. Hoy, vive en ríos, arroyos y estanques de todo el bosque.

*Los castores producen un aceite que impermeabiliza su pelaje.*

# ASIA

¡Bienvenido al continente más grande de la Tierra! Aunque en Asia encontramos la mitad de la población mundial, quedan grandes territorios, como desiertos, praderas, montañas nevadas y selvas tropicales, llenos de vida salvaje.

### Sabana

Esta región del norte de la India es cálida todo el año. La hierba de estas praderas es la más alta del mundo: alcanza hasta más de 3 m. Sirve de alimento a ciervos y rinocerontes, y da refugio a depredadores como el tigre.

### Fauna urbana

La ciudad turca de Estambul es rica en fauna. En ella viven 337 de las 483 especies de aves del país, como esta gaviota. También forma parte de una importante ruta migratoria anual de cientos de miles de cigüeñas, rapaces y aves acuáticas.

MAR MEDITERRÁNEO

MAR NEGRO

TURQUÍA

CHIPRE

GEORGIA

ARMENIA

AZERBAIYÁN

LÍBANO

SIRIA

ISRAEL

JORDANIA

IRAK

KUWAIT

MAR CASPIO

KAZAJISTÁN

UZBEKISTÁN

TURKMENISTÁN

KIRGUISTÁN

TAYIKISTÁN

IRÁN

AFGANISTÁN

MAR ROJO

ARABIA SAUDITA

BARÉIN

CATAR

EMIRATOS ÁRABES UNIDOS

PAKISTÁN

NE

OMÁN

YEMEN

INDIA

GOLFO DE ADÉN

MAR ARÁBIGO

Socotra

N

O

E

S

### Tierras altas de Arabia

Formadas por montañas y altiplanos que rodean el desierto de la península arábiga, en el sudoeste de Asia, las tierras altas son más frías que el desierto y reciben más precipitaciones. Así, en ellas crecen arbustos y hierbas que sirven de alimento a animales como los camellos.

SRI LANKA

Maldivas

GOLF BE

OCÉA

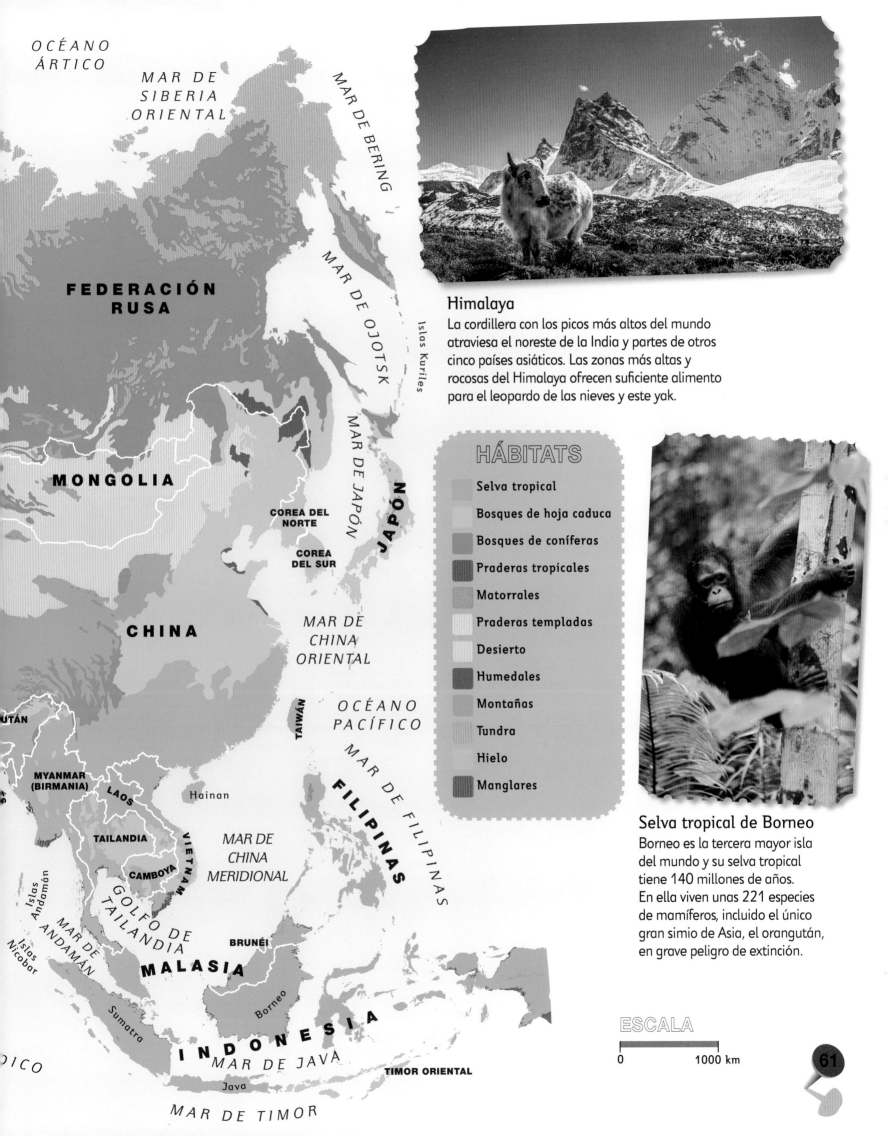

OCÉANO
ÁRTICO

MAR DE
SIBERIA
ORIENTAL

MAR DE BERING

FEDERACIÓN
RUSA

MAR DE OJOTSK

Islas Kuriles

MONGOLIA

MAR DE JAPÓN

COREA DEL
NORTE

COREA
DEL SUR

JAPÓN

CHINA

MAR DE
CHINA
ORIENTAL

OCÉANO
PACÍFICO

TAIWÁN

MAR DE FILIPINAS

FILIPINAS

UTÁN

MYANMAR
(BIRMANIA)

LAOS

Hainan

TAILANDIA

VIETNAM

MAR DE
CHINA
MERIDIONAL

DICO

CAMBOYA

Islas
Andamán

GOLFO DE
TAILANDIA

Islas
Nicobar

MAR DE
ANDAMÁN

BRUNÉI

MALASIA

Sumatra

Borneo

INDONESIA

Java

MAR DE JAVA

TIMOR ORIENTAL

MAR DE TIMOR

## Himalaya

La cordillera con los picos más altos del mundo atraviesa el noreste de la India y partes de otros cinco países asiáticos. Las zonas más altas y rocosas del Himalaya ofrecen suficiente alimento para el leopardo de las nieves y este yak.

## HÁBITATS

- Selva tropical
- Bosques de hoja caduca
- Bosques de coníferas
- Praderas tropicales
- Matorrales
- Praderas templadas
- Desierto
- Humedales
- Montañas
- Tundra
- Hielo
- Manglares

## Selva tropical de Borneo

Borneo es la tercera mayor isla del mundo y su selva tropical tiene 140 millones de años. En ella viven unas 221 especies de mamíferos, incluido el único gran simio de Asia, el orangután, en grave peligro de extinción.

ESCALA

0        1000 km

61

# TAIGA RUSA

La taiga, también llamada bosque boreal, se encuentra en zonas elevadas y frías, como en el noreste de Rusia. Está formada por bosques de coníferas, que los animales usan para alimentarse, cobijarse y esconderse de los depredadores.

MAR DE KARA

*Esta diminuta ardilla planea entre los árbol gracias a la piel que une sus patas.*

**Ardilla voladora siberiana**

## Oso pardo

Este mamífero omnívoro es la especie de oso más extendida. Se alimenta, sobre todo, de raíces, bayas y hojas, pero también caza animales. Cuando un oso adulto se levanta sobre las patas traseras, puede medir más de 2 m de alto.

*De la familia de las comadrejas, esta marta caza ardillas, ratones y pájaros.*

**Marta cibelina**

Ob

Irtish

*Un oso pardo caza salmones en un río.*

*Al crecer, al abedul le cae la corteza.*

*Este ciervo tiene colmillos que los machos usan para pelear entre ellos.*

Yeniséi

**Ciervo almizclero siberiano**

*En otoño, este ciervo de gran tamaño forma manadas de 100 o más ejemplares.*

**Abedul común**

*Este tipo de antílope tiene un hocico flexible que cuelga sobre su boca y filtra el polvo de la manada en verano.*

**Uapití siberiano**

**Saiga**

## HÁBITATS

| | |
|---|---|
| Humedales | Bosques de coníferas |
| Montañas | |
| Nieve y hielo | Bosques de hoja caduca |

## Tigre siberiano

Es el felino salvaje más grande del mundo. Los machos pesan hasta 300 kg. Tiene una melena, como los leones, para mantener el cuello caliente en los inviernos siberianos.

**Cárabo uralense**
Esta gran ave nocturna caza roedores, ranas y aves que localiza desde donde está posada. En primavera canta un dúo de cortejo con su pareja de toda la vida.

*Este cárabo ahuyenta a los intrusos con agresividad.*

MAR DE BERING

La única ardilla listada de fuera de América del Norte, este roedor tiene sobre el lomo cinco rayas oscuras y cuatro blancas.

**Ardilla listada**

Esta pequeña ave vive sobre todo en la taiga, pero se la ha visto en Escocia y América del Norte.

**Petirrojo siberiano**

**Oveja de las nieves**

*Ambos sexos tienen cuernos grandes y curvados que crecen en forma de espiral.*

Lena

N
O · E
S

ESCALA
0        300 km

El ruiseñor azul suele buscar comida cerca de los ríos y nunca se aleja del bosque.

**Ruiseñor azul**

*Esta foca solo vive en el lago Baikal, un lago helado de agua dulce, en la Siberia rusa.*

**Nerpa**

Lago Baikal

Estos anfibios hibernan en agujeros del fondo de los ríos.

**Rana siberiana**

**Ubicación**
La taiga se extiende desde el noreste de Rusia hasta el océano Pacífico. Los veranos son cortos y los inviernos, largos y con mucha nieve.

**Picamaderos negro**
Con los fuertes músculos del cuello y un pico muy afilado, esta ave hace agujeros en los troncos de los árboles, donde pone los huevos.

# ESTEPA ASIÁTICA

Una estepa es una llanura alta, con hierba y sin árboles. Los animales y plantas deben ser capaces de sobrevivir a inviernos gélidos, veranos calurosos y fuertes vientos. En la estepa llueve muy poco.

## Tortuga rusa

El caparazón de este animal es casi tan ancho como largo. Tiene garras en cada pata. ¡Y también una en la cola!

**FEDERACIÓN RUSA**

## HÁBITATS

- ~~~ Humedales
- Praderas templadas
- ▲ Montañas
- ♠ Bosques de coníferas
- ♣ Bosques de hoja caduca
- Desierto frío

## ESCALA

0    200 km

N O E S

La marmota bobak excava madrigueras de 4-5 m de profundidad, donde hiberna 6 meses al año.

**Marmota bobak**

Este animal nocturno puede recorrer 18 km en una noche en busca de comida.

**Turón de la estepa**

**KAZAJISTÁN**

Astaná

En primavera, el pelo de este felino pasa del gris claro del invierno al gris rojizo.

Esta ave planea sobre su presa antes de abalanzarse y atraparla con sus fuertes garras.

**Manul**

Esta ardilla cava dos madrigueras: para hibernar y para esconderse de las águilas y otros depredadores.

**Águila esteparia**

Viven en manadas de yeguas, potros y un macho. Estos sementales pelean por el liderazgo.

**UZBEKISTÁN**

Biskek

**Ardilla de tierra pigmea**

**Caballo salvaje mogol**

MAR CASPIO

Taskent

**KIRGUISTÁN**

Dusambé

**CHINA**

El onagro parece un caballo, pero es más pequeño y rebuzna como un burro.

**TAYIKISTÁN**

**AFGANISTÁN**

Onagro

## Halcón peregrino

Estos halcones suelen alimentarse de otras aves. Al cazar, se lanzan en picado sobre la presa y llegan a alcanzar velocidades de 240 km/h.

## Ubicación

La estepa asiática llega del oeste del mar Caspio a los montes Altai, pasando por el centro de Rusia.

Agama cabeza de sapo secreto en alerta.

## Agama cabeza de sapo secreto

Este lagarto insectívoro guarda varios secretos. Para defenderse, extiende los dos pliegues espinosos de las mejillas y muestra el intenso color rosa rojizo de la boca.

## Ubicación

Hay desiertos en Kazajistán, Uzbekistán y Turkmenistán, y en partes de Afganistán, Pakistán e Irán.

Este erizo gruñe y sisea como un gato al acercarse un depredador. Luego se enrolla para protegerse.

Astaná

Con sus largas y anchas orejas este zorro detecta roedores en el desierto.

Erizo orejudo

KAZAJISTÁN

ESCALA

0    200 km

Zorro Corsac

Con 33 cm de largo, es el jerbo más grande del mundo.

Biskek

Esta cobra es la más venenosa del mundo. Vive en el desierto, pero nada muy bien.

UZBEKISTÁN

Taskent

Gran jerbo

KIRGUISTÁN

Cobra de Asia Central

Esta liebre sale de noche para comer plantas del desierto. Puede pasar mucho tiempo sin beber.

Erevan

AZERBAIYÁN

TURKMENISTÁN

Dusambé

CHINA

ARMENIA

La cabra salvaje vive en zonas secas y rocosas. El borde de sus cuernos es muy afilado.

Asjabad

TAYIKISTÁN

Bakú

Liebre de Tolai

Tabriz

Kabul

Teherán

Cabra salvaje

Islamabad

Bagdad

IRÁN

AFGANISTÁN

PAKISTÁN

# DESIERTOS DE ASIA CENTRAL

Gacela persa

## HÁBITATS

La garganta de esta gacela tiene un conducto que permite al macho emitir un gruñido muy fuerte.

En esta zona hay diferentes tipos de desiertos: salados, arenosos, rocosos y arcillosos. Todos ellos son secos. El agua se encuentra cerca de los límites del desierto, donde los ríos se desbordan.

Humedales

Bosques de coníferas

Praderas templadas

Bosques de hoja caduca

Montañas

Selvas tropicales

Desierto frío

Desierto cálido

# MESETA TIBETANA

Esta elevada y llana región de Asia, rodeada de montañas, recibe el nombre de «techo del mundo». El oxígeno es escaso y los animales deben soportar duros inviernos.

## Ubicación

Esta región incluye el Tíbet y zonas del suroeste de China. En verano el clima es seco y cálido, y en invierno las temperaturas descienden bajo cero.

## Oso tibetano

Este omnívoro también se llama «oso luna», por la banda pálida en forma de media luna del pecho. Pasa la mitad de la vida en árboles.

## HÁBITATS

- Selvas tropicales
- Praderas tropicales
- Montañas
- Bosques de coníferas
- Bosques de hoja caduca
- Desierto frío

*En esta meseta crecen muchas plantas, como este cardo, la serrátula.*

**Serrátula**

*Los grandes pulmones de este animal, parecido a una vaca, le ayudan a obtener el oxígeno de un aire poco rico.*

**Yak**

**Islamabad**

*Este pequeño pariente del conejo está tan adaptado a terrenos rocosos que a menudo anida entre las piedras.*

**Pica del Himalaya**

**PAKISTÁN**

*El tar es una cabra salvaje. La base gomosa de sus pezuñas le permite agarrarse a las rocas.*

**Tar del Himalaya**

**NEPAL**

HIMALAYA

**Nueva Deli**

**INDIA**

N O E S

**Lobo del Himalaya**

**Katmandú**

*Algunos ejemplares de este lobo gris son casi blancos como la nieve del Himalaya.*

*Estas marmotas hibernan en profundas madrigueras.*

## Marmota del Himalaya

Esta marmota es uno de los pocos mamíferos de la Tierra que vive por encima de los 5000 m de altura. Vive en colonias y excava madrigueras que comparte.

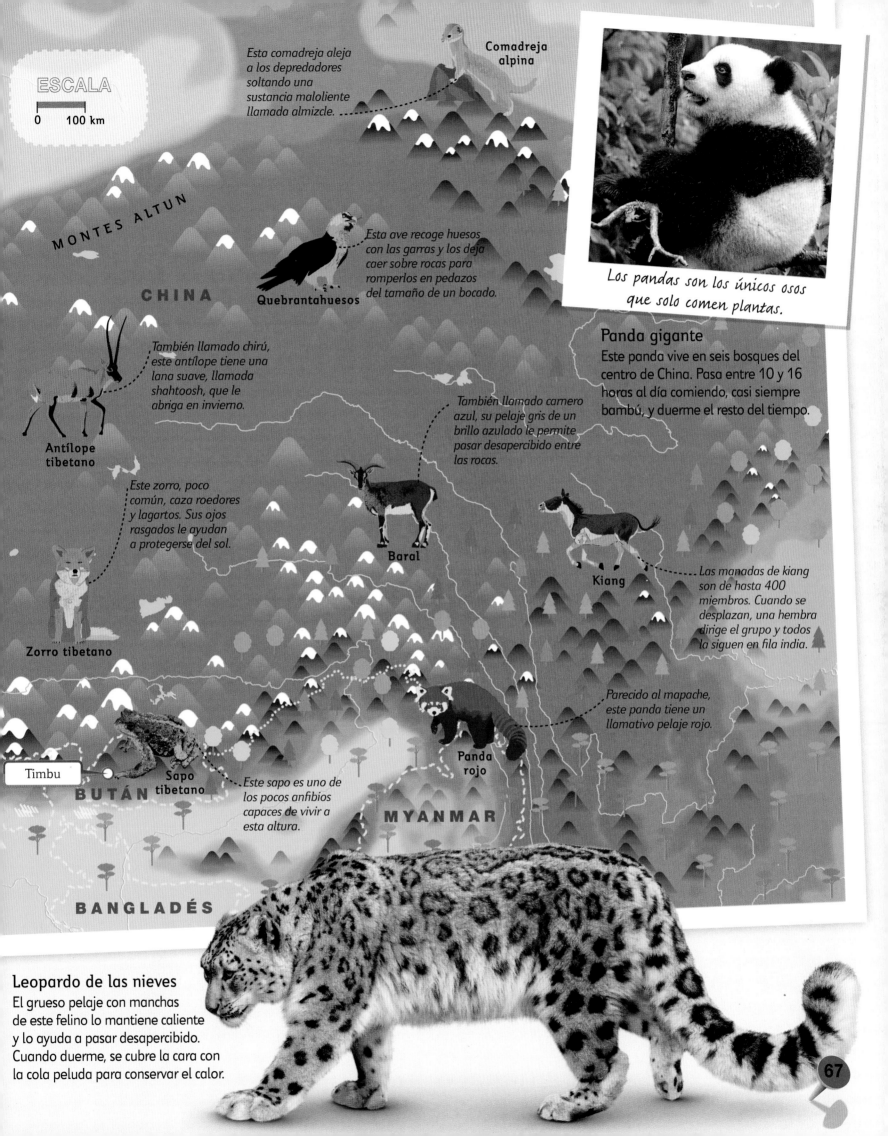

**Comadreja alpina**

*Esta comadreja aleja a los depredadores soltando una sustancia maloliente llamada almizcle.*

MONTES ALTUN

*Esta ave recoge huesos con las garras y los deja caer sobre rocas para romperlos en pedazos del tamaño de un bocado.*

CHINA

**Quebrantahuesos**

*Los pandas son los únicos osos que solo comen plantas.*

### Panda gigante

Este panda vive en seis bosques del centro de China. Pasa entre 10 y 16 horas al día comiendo, casi siempre bambú, y duerme el resto del tiempo.

*También llamado chirú, este antílope tiene una lana suave, llamada shahtoosh, que le abriga en invierno.*

*También llamado carnero azul, su pelaje gris de un brillo azulado le permite pasar desapercibido entre las rocas.*

**Antílope tibetano**

*Este zorro, poco común, caza roedores y lagartos. Sus ojos rasgados le ayudan a protegerse del sol.*

**Baral**

**Kiang**

*Las manadas de kiang son de hasta 400 miembros. Cuando se desplazan, una hembra dirige el grupo y todos la siguen en fila india.*

**Zorro tibetano**

*Parecido al mapache, este panda tiene un llamativo pelaje rojo.*

**Panda rojo**

Timbu

**Sapo tibetano**

BUTÁN

*Este sapo es uno de los pocos anfibios capaces de vivir a esta altura.*

MYANMAR

BANGLADÉS

### Leopardo de las nieves

El grueso pelaje con manchas de este felino lo mantiene caliente y lo ayuda a pasar desapercibido. Cuando duerme, se cubre la cara con la cola peluda para conservar el calor.

# BOSQUES DE ASIA ORIENTAL

Los bosques caducifolios de Asia oriental están llenos de árboles como robles y fresnos, además de algunos nogales y abedules. Los ríos, montañas y praderas son un refugio ideal para los animales.

MONTES YÁBLONOI

Ulán Bator

MONGOLIA

### Mariposa pavo real china
El tamaño de esta mariposa de bosque depende de la época del año en que salga del capullo. En primavera, tiene una envergadura de hasta 8 cm y en verano llega a los 12 cm.

*Esta mariposa se alimenta de una planta llamada lirio araña.*

### Ciervo sica
Los machos de este ciervo miden solo 95 cm a la altura de los hombros. Emiten ruidos extraños, como el largo silbido del macho, que suena como una sirena.

*Este mono tiene la cara azul. Pasa el 95 % de su tiempo en los árboles.*

Pekín

*Se nutre de sapos venenosos cuyas toxinas absorbe y libera después contra depredadores*

**Serpiente tigre de agua**

Amarillo

**Langur chato dorado**

*Los machos de cerceta del Baikal emiten un fuerte sonido de risa.*

**Cerceta del Baikal**

CHINA

*El anfibio más grande de la Tierra mide 1,8 m de largo, más que muchas personas.*

Yangtsé

**Salamandra gigante china**

*Es el más pequeño de los grandes felinos. Sus manchas parecidas a nubes le mimetizan con el bosque.*

**Pantera nebulosa**

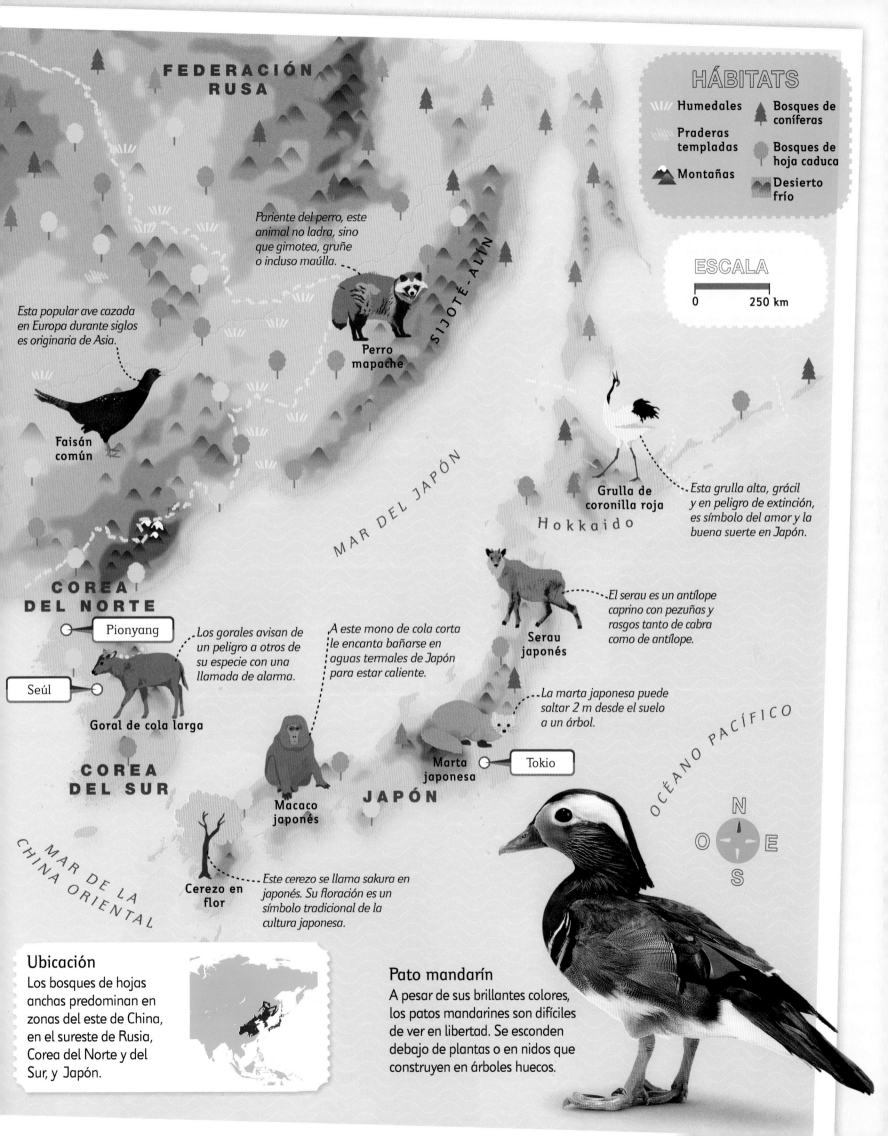

**FEDERACIÓN RUSA**

**ESCALA**

0 — 250 km

*Pariente del perro, este animal no ladra, sino que gimotea, gruñe o incluso maúlla.*

SIJOTÉ-ALÍN

**Perro mapache**

*Esta popular ave cazada en Europa durante siglos es originaria de Asia.*

**Faisán común**

MAR DEL JAPÓN

**Grulla de coronilla roja**

*Esta grulla alta, grácil y en peligro de extinción, es símbolo del amor y la buena suerte en Japón.*

Hokkaido

**COREA DEL NORTE**

Pionyang

*Los gorales avisan de un peligro a otros de su especie con una llamada de alarma.*

*A este mono de cola corta le encanta bañarse en aguas termales de Japón para estar caliente.*

**Serau japonés**

*El serau es un antílope caprino con pezuñas y rasgos tanto de cabra como de antílope.*

Seúl

**Goral de cola larga**

*La marta japonesa puede saltar 2 m desde el suelo a un árbol.*

**COREA DEL SUR**

**Macaco japonés**

**Marta japonesa**

Tokio

**JAPÓN**

OCÉANO PACÍFICO

N
O · E
S

MAR DE LA CHINA ORIENTAL

**Cerezo en flor**

*Este cerezo se llama sakura en japonés. Su floración es un símbolo tradicional de la cultura japonesa.*

## Ubicación

Los bosques de hojas anchas predominan en zonas del este de China, en el sureste de Rusia, Corea del Norte y del Sur, y Japón.

## Pato mandarín

A pesar de sus brillantes colores, los patos mandarines son difíciles de ver en libertad. Se esconden debajo de plantas o en nidos que construyen en árboles huecos.

# PENÍNSULA ARÁBIGA

La península arábiga es una zona del mundo árida y calurosa, cubierta de desiertos arenosos. Los animales que viven aquí están adaptados a estas duras condiciones.

**Perdiz árabe**
Esta perdiz vive en el suelo, donde se alimenta de semillas, hierba e insectos. La hembra pone huevos en agujeros poco profundos.

*Las perdices huyen corriendo y no volando ante una amenaza.*

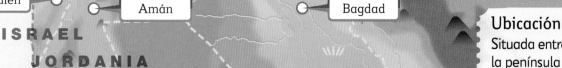

Jerusalén

Amán

Bagdad

ISRAEL

JORDANIA

IRAK

Ciudad de Kuwait

**Ubicación**
Situada entre África y Asia, la península arábiga está formada por Arabia Saudí y varios países más pequeños.

*Este felino puede saltar hasta 3 m de altura para atrapar pájaros en vuelo.*

Caracal

KUWAIT

IRÁN

*Este antílope puede andar por la suave arena del desierto gracias a sus pezuñas en forma de pala.*

Manama

BARÉIN

ESCALA

0        200 km

*Los beduinos, criaron este caballo para ser rápido, fuerte y adaptado a las condiciones del desierto.*

Óryx árabe

CATAR

Doha

Riad

Abu Dabi

Mascate

**Caballo árabe**
*El pelo de la planta de los pies permite a este felino caminar por la arena caliente.*

Gato del desierto

ESTADOS ÁRABES UNIDOS

*El pez de arena es un lagarto que «nada» bajo la arena gracias a sus patas en forma de aletas.*

*Las gacelas macho tienen peleas que detienen justo antes de chocar.*

Gacela arábiga

**Babuino sagrado**
Viven en grupos de hasta 1000 individuos. Pasan las noches en los salientes de los acantilados y bajan cada día en busca de comida.

ARABIA SAUDITA

Pez de arena

## HÁBITATS

〰 Humedales

▲ Montañas

⬤ Bosques de hoja caduca

⬛ Desierto cálido

*No es una verdadera araña, sino un tipo diferente de arácnido. Come escorpiones, arañas y ratones.*

Araña camello

Saná

OMÁN

YEMEN

**Damán roquero**
Aunque parece un conejo de Indias, este herbívoro está emparentado con el elefante. Incluso tiene dos colmillos diminutos.

# BOSQUES INDIOS

Los bosques de la India pueden ser húmedos o secos, pero todos son cálidos y tropicales. Muchos árboles son de hoja ancha, que pierden en la estación seca. Dan cobijo y alimento a los animales. La tala de árboles para madera o para cultivar ha reducido el hábitat de animales como el tigre de Bengala.

## Ubicación

Estos bosques se extienden desde el Himalaya hasta el océano Índico. Su clima es cálido o templado la mayor parte del año.

PAKISTÁN

INDIA

Ganges

Yamuna

Nueva Deli

**Tigre de Bengala**
*Los dientes caninos (colmillos) de este tigre llegan a los 10 cm de largo.*

*El pavo real macho utiliza sus brillantes plumas con ocelos para atraer a sus parejas.*

Ganges

**Pavo real**

Narmada

**Mangosta gris de la India**
*Las mangostas matan escorpiones lanzándolos contra una superficie dura hasta que se rompen.*

*Esta cobra caza lagartos, roedores y ranas. Con su veneno inmoviliza su presa.*

Godavari

**Cobra india**

*El cuerno del rinoceronte indio alcanza los 60 cm de largo. Es de queratina, como nuestro pelo.*

Krishná

**Rinoceronte indio**

Este avispón es fácil de detectar por su color naranja brillante.

N O E S

*Esta ardilla construye nidos en árboles de igual tamaño que los de las águilas.*

**Ardilla gigante india**

MAR ARÁBIGO

### Avispón gigante de la India

Esta avispa es la más grande del mundo, y quizá la más rabiosa. Mide hasta 5 cm de largo y pica cualquier cosa que moleste mínimamente su nido.

GOLFO DE BENGALA

Islas de Andamán y Nicobar

*El mayor mamífero terrestre de Asia es más pequeño que su primo africano. Pasa tres cuartas partes del día comiendo plantas.*

**Elefante asiático**

## ESCALA

0    200 km

### Oso perezoso

Con sus largas garras curvadas, el tímido oso perezoso excava el suelo en busca de hormigas y termitas. Mientras las engulle, su fuerte sorbo puede oírse a 180 m.

## HÁBITATS

- 〰️ Humedales
- 🔺 Montañas
- Desierto cálido
- 🌲 Bosques de coníferas
- Bosques de hoja caduca
- Selvas tropicales

SRI LANKA

Colombo

Sri Jayawardenepura Kotte

Los machos son pequeños y pálidos.
Las hembras parecen flores.

## Mantis orquídea

Este insecto se disfraza de orquídea rosa y blanca. Cuando otros insectos se posan cerca, la mantis los ataca.

## Orangután de Borneo

Los orangutanes comen fruta y viven en árboles. Doblan ramas para hacer nidos para dormir. Son solitarios, a diferencia de otros grandes simios.

# SELVA TROPICAL DEL SUDESTE ASIÁTICO

Las selvas tropicales del Sudeste Asiático son unas de las más antiguas de la Tierra y albergan cientos de especies animales. Sin embargo, con la tala de bosques cada vez son más raros algunos de ellos, como el rinoceronte de Sumatra.

INDIA

CHINA

MYANMAR

VIETNAM

Hanói

Naipyidó

LAOS

Vientián

Hainan

MAR DE ANDAMÁN

Estos pájaros adultos beben néctar con su pico largo y curvado. Alimentan a sus polluelos con insectos.

Los gibones cantan por la mañana en las copas de los árboles para marcar su territorio.

Gibón de manos blancas

Suimanga asiático

Islas de Andamán

Bangkok

CAMBOYA

Búfalo de agua

Su cara de zorro da nombre a este murciélago frugívoro.

Gran zorro volador

Nom Pen

El búfalo de agua doméstico se utiliza mucho para arar los arrozales.

Islas Nicobar

TAILANDIA

Salta de un árbol a otro con sus patas palmeadas y su piel suelta como un paracaídas.

Rana de Wallace

GOLFO DE TAILANDIA

La piel extendida sobre sus largas costillas le permite planear entre los árboles.

Este raro rinoceronte, en peligro de extinción, tiene dos cuernos.

Rinoceronte de Sumatra

MALASIA

Putrajaya

Kuala Lumpur

Dragón volador

SINGAPUR

Sumatra

Borne[o]

Rafflesia

Es la flor más grande del mundo. Huele a carne podrida.

Yakarta

OCÉANO ÍNDICO

Java

Taipéi

**TAIWÁN**

### Ubicación
El Sudeste Asiático está formado por muchos países. Todos son tropicales, con una estación lluviosa y otra seca y calurosa.

La picadura de esta raya puede matar a un posible depredador.

*MAR DE LA CHINA MERIDIONAL*

*Una gran vela de piel en la cola da impulso a este lagarto acuático cuando nada.*

**Hidrosaurio crestado filipino**

Manila

### HÁBITATS

||| Humedales    🌳 Selvas tropicales

⛰ Montañas

**ESCALA**

0    200 km

## Raya de aguijón
Esta raya nada en aguas poco profundas en busca de cangrejos, gambas y peces pequeños. Las manchas de color azul brillante advierten a otras criaturas marinas de su presencia para que se mantengan alejadas.

**FILIPINAS**

*OCÉANO PACÍFICO*

*Con solo 16 cm de alto, este pequeño primate puede girar la cabeza 180 grados en ambos sentidos.*

*MAR DE JOLÓ*

**Tarsero filipino**

Palaos

## Cobra real
La cobra real puede alcanzar los 5,5 m de largo. Se nutre casi solo de otras serpientes, que caza con la vista y el olfato. Esta serpiente no sisea, ¡gruñe!

*Esta especie de delfín suele ser gris, pero también puede ser blanco e incluso rosa.*

**BRUNÉI**

*El oso más pequeño del mundo utiliza su larga lengua para nutrirse de insectos, pero su comida favorita es la fruta.*

**Delfín jorobado**

*MAR DE MOLUCAS*

*Molucas Septentrionales*

*Nueva Guinea*

*Solo los machos tienen plumas coloridas, que despliegan para atraer a las hembras.*

**Oso malayo**

**INDONESIA**

**Mono narigudo**

*Célebes*

*Molucas*

**Ave del paraíso**

*La nariz grande y carnosa de este mono macho le permite emitir fuertes sonidos.*

*El lagarto más grande del mundo, el dragón de Komodo, puede alcanzar hasta 2 m de largo. Su mordedura es venenosa y puede matar un búfalo de agua.*

*MAR DE JAVA*

**TIMOR ORIENTAL**

Bali

**Dragón de Komodo**

Dili

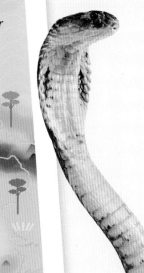

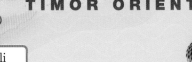

# DESIERTO DE GOBI

El Gobi es el mayor desierto de Asia. Abarca más de 1,2 millones de km². Las temperaturas oscilan entre los sofocantes 50°C y los gélidos -40°C, pero los animales sobreviven en estas condiciones extremas.

**Oso de Gobi** Este es el oso más escaso del mundo. Quedan menos de 50 ejemplares en este desierto, su único hábitat.

**Asno salvaje mongol** Este asno espera a que llueva. Tras las lluvias, puede alimentarse de hierba fresca.

## Fósil de dinosaurio

El Gobi nos revela muchos datos sobre la fauna prehistórica. Aquí se han hallado cientos de fósiles de dinosaurios, algunos de hace más de 250 millones de años. Fue el primer lugar donde se identificaron huevos de estos animales antiguos.

**Marmota mongola** Este roedor pasa el invierno en su madriguera, donde está a salvo de depredadores como las águilas.

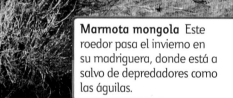

**Jerbo orejudo** Este diminuto jerbo deambula por el desierto de noche para alimentarse de insectos.

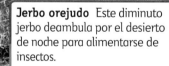

*El turón jaspeado debe su nombre al dibujo del lomo.*

## Turón jaspeado

Este pequeño depredador no ve muy bien, pero detecta la mayoría de sus presas por el olfato. Caza roedores, aves y reptiles, sobre todo en las noches frías del desierto.

*Las enormes orejas de este jerbo son casi tan largas como su cuerpo. Se cree que liberan calor para mantenerse fresco.*

**Avutarda** Cada año, a las avutardas macho les crecen unos bigotes que parecen espigas de trigo.

*La avutarda vuela con un lento y constante batir de alas, que terminan en largas plumas blancas.*

**Gacela persa** A diferencia de otras gacelas, esta no salta. Si se asusta, corre tan rápido como puede.

## Camello bactriano

El camello bactriano tiene dos jorobas que almacenan grasa para sobrevivir durante largos periodos con falta de comida. Si no encuentra suficientes plantas, se alimenta de huesos, cuerdas e incluso una tienda de campaña.

**Caballo salvaje mongol**
Este caballo está en constante movimiento en busca de agua y pasto.

## Ubicación
El Gobi se extiende por el noroeste de China y el sur de Mongolia. La media de lluvia anual es de solo 190 mm.

## Saxaúl

El nudoso saxaúl tiene muchas raíces para anclarse en la arena. Las hojas son pequeñas para evitar perder demasiada humedad, y almacena agua en la corteza. Si se aprietan unos trozos, sale agua.

# AUSTRALASIA

Australia, Nueva Zelanda, Papúa Nueva Guinea y miles de pequeñas islas conforman Australasia. Desde desiertos, montañas y selvas tropicales hasta playas y arrecifes de coral, los hábitats de muchos animales de este continente solo se encuentran en esta parte del mundo.

## Costa australiana

El litoral occidental de Australia alberga cientos de especies de peces, aves y mamíferos. Los pelícanos australianos disfrutan aquí de la arena y del sol tras sus jornadas de pesca.

MAR DE FILIPINAS

Islas Marianas del Norte (ESTADOS UNIDOS)

Guam (ESTADOS UNIDOS)

MICRONESIA

PALAOS

PAPÚA NUEVA GUINEA

MAR DE ARAFURA

MAR DE TIMOR

Isla de Navidad (AUSTRALIA)

Islas Ashmore y Cartier (AUSTRALIA)

Islas del Mar del Coral (AUSTRALIA)

MAR DEL CORAL

Islas Cocos (Keeling) (AUSTRALIA)

OCÉANO ÍNDICO

Territorio del Norte

Queensland

AUSTRALIA

Australia Occidental

Australia Meridional

Nueva Gales del Sur

Victoria

N
O
E
S

Tasmania

## Outback australiano

El caluroso y árido centro de Australia se conoce como Outback. Al ser una zona desértica, está poco habitado, pero algunos animales han sabido adaptarse a estas duras condiciones.

## Islas Snares

Estas islas neozelandesas, al norte de las de Auckland, están protegidas para que prospere la fauna autóctona, como el pingüino de Snares, que solo anida en el suelo, bajo árboles y arbustos de estas islas.

Islas Macquarie (AUSTRALIA)

## Selva de Nueva Guinea

Las selvas cubren dos tercios de Papúa Nueva Guinea. Aquí viven unas 760 especies de aves y 25 000 de plantas, y también el canguro arborícola de Goodfellow, que trepa por los árboles para comer hojas.

## Arrecifes coralinos

Los arrecifes de coral, como este de la Polinesia Francesa, constituyen el uno por ciento del fondo oceánico, pero albergan casi una cuarta parte de todas las especies marinas. Muchos peces, como estos sargos dorados, se reúnen aquí para comer.

Isla Wake
**(ESTADOS UNIDOS)**

**ISLAS
MARSHALL**

NAURU

Arrecife de
Kingman
**(ESTADOS UNIDOS)**

Islas de Baker y
Howland
**(ESTADOS UNIDOS)**

Atolón Palmyra
**(ESTADOS UNIDOS)**

Isla Jarvis
**(ESTADOS UNIDOS)**

**K I R I B A T I**

**ALOMÓN**

TUVALU

Wallis y Futuna
**(FRANCIA)**

SAMOA

Samoa Americana
**(ESTADOS UNIDOS)**

**VANUATU**

**FIYI**

Niue
**(NUEVA ZELANDA)**

Nueva Caledonia
**(FRANCIA)**

**TONGA**

Islas Cook
**(NUEVA ZELANDA)**

Isla Norfolk
**(AUSTRALIA)**

Islas Kermadec
**(NUEVA ZELANDA)**

Polinesia
Francesa
**(FRANCIA)**

Isla de
Lord Howe
**(AUSTRALIA)**

*OCÉANO PACÍFICO*

**NUEVA
ZELANDA**

*MAR DE
SMANIA*

Islas Pitcairn,
Henderson, Ducie
y Oeno
**(REINO UNIDO)**

Islas Chatham
**(NUEVA ZELANDA)**

Islas Bounty
**(NUEVA ZELANDA)**

Islas Auckland
**(NUEVA ZELANDA)**

Islas Antípodas
**(NUEVA ZELANDA)**

Islas Campbell
**(NUEVA ZELANDA)**

## HÁBITATS

- Selvas tropicales
- Bosques de hoja caduca
- Praderas tropicales
- Matorrales
- Praderas templadas
- Desierto
- Montañas
- Manglares

ESCALA

0        1000 km

# AUSTRALIA

Australia es la mayor isla del mundo, formada en gran parte por un desierto seco y caluroso, el Outback. En los meses de calor, algunos lagos se secan por completo, pero también hay selvas tropicales en las que viven muchos animales que son endémicos de la zona.

ESCALA

0    250 km

*Para defenderse, este lagarto extiende su volante, alza las patas delanteras y silba.*

**Lagarto con volantes**

*La cucaburra es el martín pescador más grande. Su llamada recuerda una carcajada.*

**Cucaburra aliazul**

Victoria

Fitzroy

## Ubicación

Australia se encuentra al sur del ecuador, entre los océanos Pacífico e Índico. El verano se extiende de diciembre a febrero.

OCÉANO ÍNDICO

*Este lagarto del desierto está cubierto de escamas espinosas protectoras.*

De Grey

**Diablo espinoso**

Fortescue

**AUSTRALIA**

Ashburton

## HÁBITATS

 Praderas templadas

 Bosques tropicales

 Matorral

Montañas

Praderas tropicales

Desiertos cálidos

Gascoyne

*Estas enormes orugas se nutren de raíces de arbustos. Los aborígenes (primeros pobladores) ¡se las comen!*

**Larvas de la polilla witchetty**

*Común en las costas australianas, el pez depredador más grande del mundo tiene 300 dientes.*

*Este marsupial del tamaño de un ratón no come miel, solo néctar y polen.*

**Falangero mielero**

**Gran tibúron blanco**

## Emú

El ave más grande de Australia mide entre 1,5 y 2 m de altura, y puede pesar hasta 60 kg. Su llamada alcanza a oírse a una distancia de 2 km.

N
O      E
S

## Canguro rojo

Los canguros son marsupiales, unos animales que llevan a sus crías en una bolsa en el vientre de la madre. Los canguros rojos solo viven en Australia. Para desplazarse saltan con sus fuertes patas traseras.

*La cría de canguro va dentro de la bolsa de su madre.*

Es el reptil más grande y también se encuentra en la India y en el Sudeste Asiático.

**Cocodrilo marino**

La araña de lomo rojo es una de las más venenosas de las 10 000 especies de arañas de Australia.

**Araña de lomo rojo**

_Mitchell_

_GRAN BARRERA DE CORAL_

_Flinders_

Las afiladas púas del equidna repelen a los depredadores.

## Equidna de hocico corto

También conocido como oso hormiguero espinoso, este mamífero pone huevos y come larvas, termitas y hormigas con su lengua larga y pegajosa.

A esta peligrosa serpiente se deben la mayoría de las muertes por mordedura de serpiente en Australia.

**Serpiente marrón**

Una membrana palmeada permite que este mamífero planee entre los árboles más de 46 m.

**Petauro del azúcar**

Este inteligente perro salvaje no suele ladrar, pero le gusta aullar.

**Dingo**

Este marsupial hervívoro vive en madrigueras y tiene fuertes garras. Sus excrementos son cúbicos.

**Wómbat**

_MONTAÑAS AZULES_

_Darling_

**Ornitorrinco**

_Murray_

Canberra

Este mamífero pone huevos y tiene patas palmeadas y pico como un pato.

_MAR DE TASMANIA_

## GRAN BAHÍA AUSTRALIANA

Este animal es del tamaño de un perro pequeño. Se le llama demonio porque es muy agresivo.

**Demonio de Tasmania**

## Koala

Se les suele llamar osos, pero en realidad son marsupiales. Al crecer, las crías salen de la bolsa y montan a lomos de sus padres. Se nutren de las hojas de eucalipto del sureste de Australia.

79

# NUEVA ZELANDA

Nueva Zelanda está formada por dos islas principales, la Norte y la Sur, y muchas otras más pequeñas. En ellas viven diversas aves y algunas no vuelan. Los gatos, ratas y otros depredadores introducidos por los colonizadores europeos acabaron con varias especies. Ahora, las aves más raras, como el kakapo, están protegidas.

## Weta de árbol

Los wetas son mucho más grandes que sus parientes los grillos. El cuerpo de un weta de árbol mide 4 cm y uno gigante llega a los 10 cm.

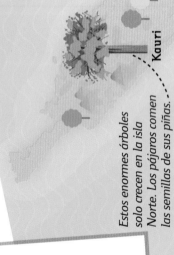

Este weta de árbol levanta las patas traseras para defenderse.

**Kauri**

Estos enormes árboles solo crecen en la isla Norte. Los pájaros comen las semillas de sus piñas.

Los murciélagos son los únicos mamíferos autóctonos de Nueva Zelanda. El colicorto pasa más tiempo en el suelo que en el aire.

**Murciélago colicorto**

Este enorme caracol alcanza los 9 cm de diámetro y come lombrices.

*Bahía de Hawke*

BAHÍA DE LA ABUNDANCIA

**Caracol gigante de Nueva Zelanda**

Isla Norte

*Lago Taupo*

*Waikato*

**Kiwi marrón de la Isla Norte**

Símbolo nacional de Nueva Zelanda, el kiwi es un ave nocturna no voladora que vive en madrigueras.

**Rana de Hamilton**

Esta rana vive sobre todo en la pequeña isla Stephens, donde está a salvo de tuátaras y ratas.

MAR DE TASMANIA

**Ballena franca austral**

Esta ballena, del tamaño de un autobús, levanta la cola como una vela y se deja llevar por el viento.

N E S O

## ESCALA

0    250 km

## Ubicación

Situada en el Pacífico sudoccidental, Nueva Zelanda tiene su vecino más próximo, Australia, a 1500 km al noroeste.

*Sus grandes ojos le ayudan a ver de noche.*

## Ninox maorí

Este pequeño búho de color pardo suele dormir en los bosques durante el día y salir por la noche a cazar insectos, como los weta. Si no hay mucha claridad, también caza de día.

## Kea

Los científicos creen que este loro del tamaño de un gato es tan inteligente como un niño de cuatro años. Vive en la isla Sur y emite un sonido fuerte y agudo.

## Tuátara

Los parientes más cercanos de este reptil ya existían en la época de los dinosaurios. A los tuátaras les gusta el clima fresco y pueden vivir hasta 100 años.

## HÁBITATS

Praderas templadas

Bosques de hoja caduca

Montañas

**Koura**

Este cangrejo de río solo existe en Nueva Zelanda. Si hay sequía, se entierra en el barro.

**Delfín de cabeza blanca**

En grave peligro de extinción, este pequeño y sociable delfín solo alcanza 1,4 m de largo.

**Caballito del diablo azul**

Este caballito del diablo puede oscurecerse para captar mejor el calor del Sol.

**Paloma maorí**

Esta ave verde azulada se alimenta de fruta. Tiene el pico, los ojos y las patas rojos.

**Pingüino de ojo amarillo**

Este pingüino pone huevos en los bosques y pesca a unos 25 km de la costa.

**León marino de Nueva Zelanda**

Cuando no caza calamares, este león marino descansa en playas del sur o islas litorales.

**Kakapo**

Este gran loro no volador de Nueva Zelanda casi se ha extinguido.

Lago Tekapo

Lago Pukaki

Lago Ohau

Lago Hawea

Lago Wānaka

Lago Te Anau

Clutha

ALPES DEL SUR

Isla Sur

MAR DE TASMANIA

OCÉANO PACÍFICO

Isla Stewart

# GRAN BARRERA DE CORAL

La mayor cadena de arrecifes de coral del mundo, la Gran Barrera de Coral, se halla frente a la costa noreste de Australia. Con más de 1500 tipos de peces, puede verse desde el espacio.

**Cirujano real** Este pez tiene una espina en forma de bisturí a cada lado de la cola, de ahí su nombre.

**Esponja gran barril** Esta esponja es un animal que carece de cerebro y crece hasta 1,8 m de diámetro.

**Babosa de mar** Se alimenta de corales, anémonas, esponjas y huevos de peces. Sus colores vivaces mantienen alejados a los depredadores.

**Estrella de mar azul** Unas pequeñas ventosas cubren la zona inferior de la estrella de mar y le permiten desplazarse.

*Los dugones viven 70 años o más en estado salvaje.*

## Dugón

Este mamífero de movimientos lentos solo come plantas. Arranca las algas de raíz con el labio superior flexible. También se le llama «vaca marina», porque pastan como este animal.

## Coral

El coral está formado de pequeños animales, los pólipos coralinos, que atrapan comida con sus tentáculos. Estos pólipos construyen un esqueleto protector de minerales que, con el tiempo, se convierte en un arrecife.

*El arrecife tiene distintos tipos de coral. Además del duro, que forma el arrecife, también existe el blando.*

*Las estrellas de mar pueden regenerar un brazo dañado o perdido. Algunas hacen crecer toda una estrella de un trozo de brazo.*

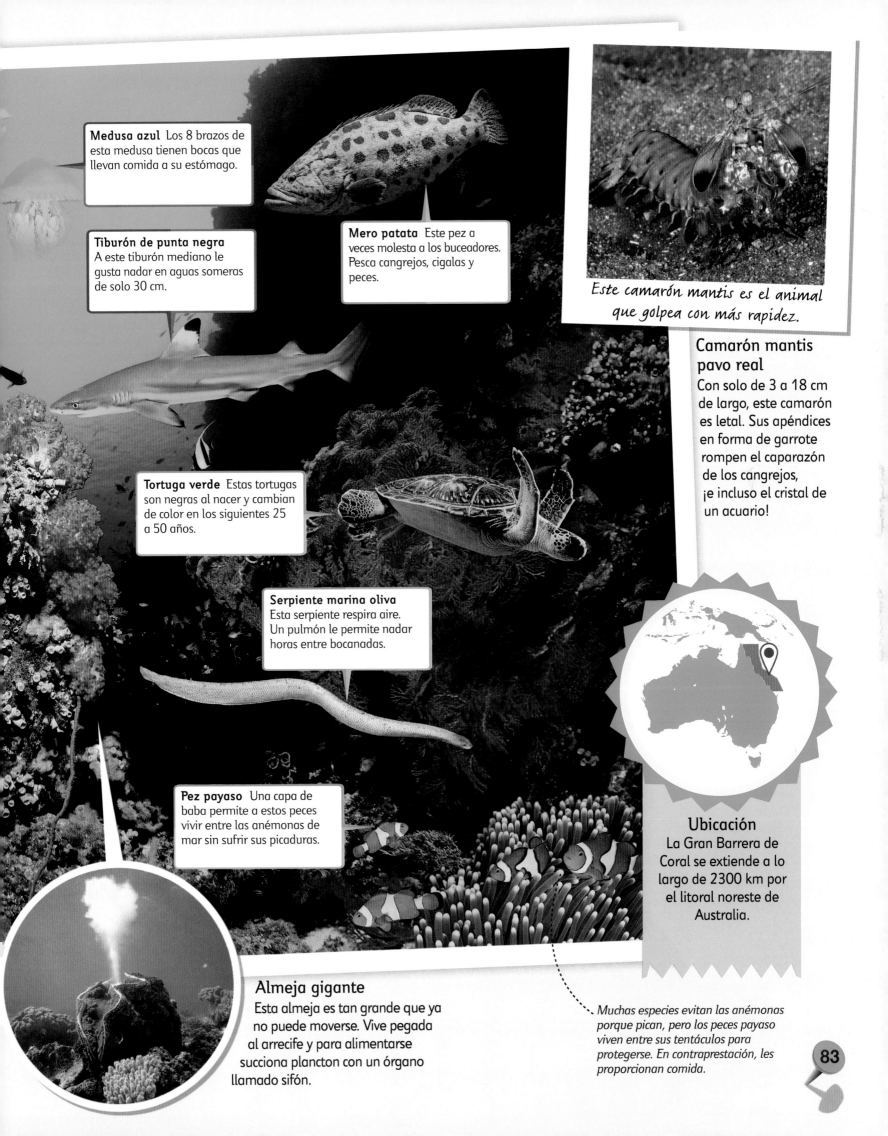

**Medusa azul** Los 8 brazos de esta medusa tienen bocas que llevan comida a su estómago.

**Tiburón de punta negra** A este tiburón mediano le gusta nadar en aguas someras de solo 30 cm.

**Mero patata** Este pez a veces molesta a los buceadores. Pesca cangrejos, cigalas y peces.

*Este camarón mantis es el animal que golpea con más rapidez.*

### Camarón mantis pavo real

Con solo de 3 a 18 cm de largo, este camarón es letal. Sus apéndices en forma de garrote rompen el caparazón de los cangrejos, ¡e incluso el cristal de un acuario!

**Tortuga verde** Estas tortugas son negras al nacer y cambian de color en los siguientes 25 a 50 años.

**Serpiente marina oliva** Esta serpiente respira aire. Un pulmón le permite nadar horas entre bocanadas.

**Pez payaso** Una capa de baba permite a estos peces vivir entre las anémonas de mar sin sufrir sus picaduras.

### Ubicación

La Gran Barrera de Coral se extiende a lo largo de 2300 km por el litoral noreste de Australia.

### Almeja gigante

Esta almeja es tan grande que ya no puede moverse. Vive pegada al arrecife y para alimentarse succiona plancton con un órgano llamado sifón.

*Muchas especies evitan las anémonas porque pican, pero los peces payaso viven entre sus tentáculos para protegerse. En contraprestación, les proporcionan comida.*

# ANTÁRTIDA

La Antártida, el continente más frío del mundo, es también el más alejado de cualquier masa de tierra. Cubierto en gran parte de hielo de hasta 1,6 km de grosor, la temperatura baja a -89,2 °C, demasiado para muchos animales. Como no llueve, se considera un desierto.

## Ubicación

La Antártida es el continente más al sur de la Tierra. En ella se halla el punto más meridional del planeta, el polo sur.

## HÁBITATS

 Hielo y nieve  🏔 Montañas

## Elefante marino del sur

El elefante marino es la mayor foca del planeta. Los machos miden unos 6 m de largo y pesan unos 3856 kg. Con una nariz hinchable como una trompa, el macho emite un fuerte rugido.

**Albatros errante**

Con más envergadura que ninguna otra ave, 3,5 m, el albatros es capaz de planear durante horas.

**Pez de hielo de aleta negra**

La sangre de este pez es blanca porque no tiene glóbulos rojos. Eso le da más fluidez a su sangre en agua gélida.

MAR DE WEDDELL

PENÍNSULA ANTÁRTICA

BARRERA DE HIELO RONNE

BARRERA DE HIELO FILCHNER

**Foca de Weddell**

Cuando cazan, estas focas pueden estar hasta 82 minutos bajo el agua.

**Pingüino barbijo**

Parece como si una cinta rodeara la barbilla de estos pingüinos. A menudo, aparecen sobre icebergs cerca de la Antártida.

Como muchos peces de la Antártida, este róbalo tiene sustancias químicas en la sangre para no congelarse.

**Róbalo de fondo**

HACIA AMÉRICA DEL SUR

Antártida Occidental

Esta pequeña ballena filtra agua y captura kril con sus barbas, unas finas láminas de su boca, parecidas a un peine.

**Rorcual austral**

ESCALA

0   250 km

Límite de las placas de hielo en invierno

HACIA NUEVA ZELANDA

Límite de las placas de hielo en verano

OCÉANO ANTÁRTICO

Aunque con sus grandes mandíbulas puede comer otros animales, esta foca se alimenta de kril.

**Foca leopardo**

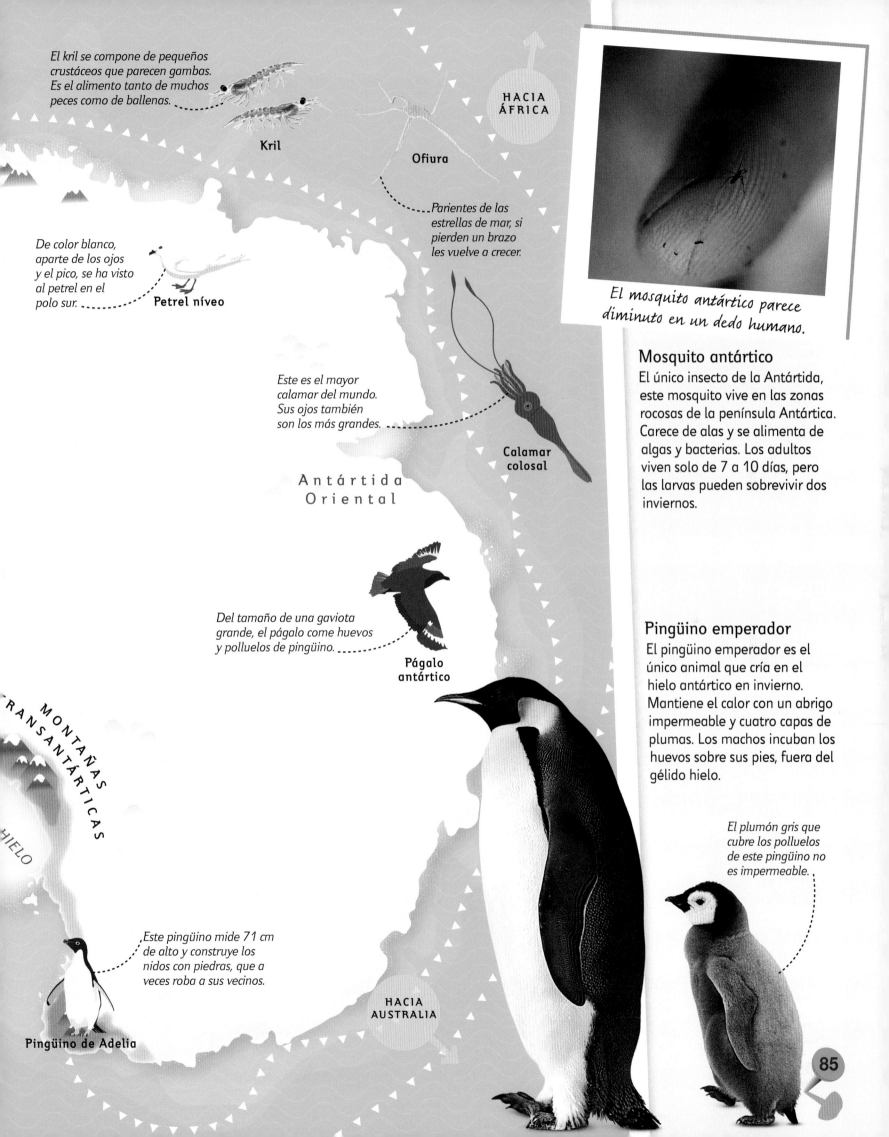

El kril se compone de pequeños crustáceos que parecen gambas. Es el alimento tanto de muchos peces como de ballenas.

**Kril**

**Ofiura**

*Parientes de las estrellas de mar, si pierden un brazo les vuelve a crecer.*

HACIA ÁFRICA

*De color blanco, aparte de los ojos y el pico, se ha visto al petrel en el polo sur.*

**Petrel níveo**

*Este es el mayor calamar del mundo. Sus ojos también son los más grandes.*

**Calamar colosal**

A n t á r t i d a
O r i e n t a l

*Del tamaño de una gaviota grande, el págalo come huevos y polluelos de pingüino.*

**Págalo antártico**

M O N T A Ñ A S
T R A N S A N T Á R T I C A S

HIELO

*Este pingüino mide 71 cm de alto y construye los nidos con piedras, que a veces roba a sus vecinos.*

**Pingüino de Adelia**

HACIA AUSTRALIA

*El mosquito antártico parece diminuto en un dedo humano.*

## Mosquito antártico

El único insecto de la Antártida, este mosquito vive en las zonas rocosas de la península Antártica. Carece de alas y se alimenta de algas y bacterias. Los adultos viven solo de 7 a 10 días, pero las larvas pueden sobrevivir dos inviernos.

## Pingüino emperador

El pingüino emperador es el único animal que cría en el hielo antártico en invierno. Mantiene el calor con un abrigo impermeable y cuatro capas de plumas. Los machos incuban los huevos sobre sus pies, fuera del gélido hielo.

*El plumón gris que cubre los polluelos de este pingüino no es impermeable.*

85

# ÁRTICO

El Ártico es la región más septentrional del mundo. Los animales viven a temperaturas bajo cero. El hielo y la nieve cubren la zona en invierno, y el océano Ártico se congela. En verano, parte del hielo se funde y aparece un hábitat sin árboles llamado tundra.

El pelaje blanco mimetiza al oso polar con su hábitat.

## Oso polar

En realidad, este oso tiene la piel negra, pero está cubierta de un espeso pelaje que le mantiene caliente. Gran nadador, el oso polar caza focas, que puede oler a 1,6 km de distancia.

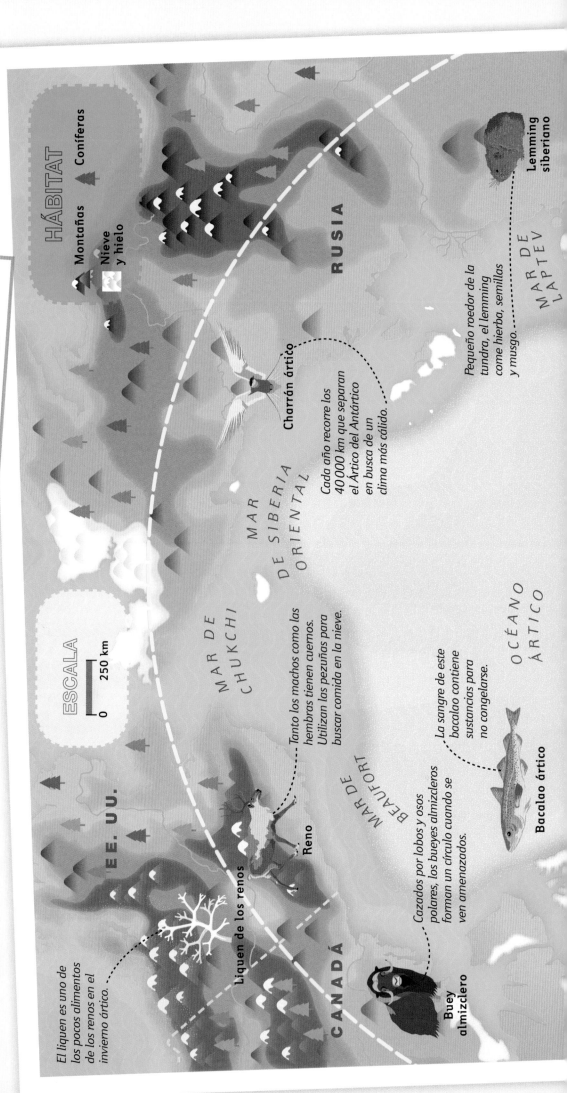

### HÁBITAT

▲ Montañas    ▲ Coníferas

△ Nieve y hielo

**RUSIA**

**Lemming siberiano**

Pequeño roedor de la tundra, el lemming come hierba, semillas y musgo.

MAR DE LAPTEV

**Charrán ártico**

Cada año recorre los 40 000 km que separan el Ártico del Antártico en busca de un clima más cálido.

MAR DE SIBERIA ORIENTAL

MAR DE CHUKCHI

**ESCALA**

0    250 km

**EE. UU.**

**Reno**

Tanto los machos como las hembras tienen cuernos. Utilizan las pezuñas para buscar comida en la nieve.

MAR DE BEAUFORT

La sangre de este bacalao contiene sustancias para no congelarse.

OCÉANO ÁRTICO

**Bacalao ártico**

Cazados por lobos y osos polares, los bueyes almizcleros forman un círculo cuando se ven amenazados.

**Liquen de los renos**

El liquen es uno de los pocos alimentos de los renos en el invierno ártico.

**CANADÁ**

**Buey almizclero**

POLAR ÁRTICO

CÍRCULO

MAR DE KARA

MAR DE BARENTS

MAR DE GROENLANDIA

NORUEGA

FINLANDIA

SUECIA

GROENLANDIA (DINAMARCA)

Las belugas son grises al nacer y no se vuelven blancas hasta los 8 años.

**Beluga**

**Narval**

El colmillo en espiral de esta ballena es en realidad un diente de 3 m de largo.

**Polo norte**

**Tiburón de Groenlandia**

Este lento tiburón nada por el fondo marino en busca de carroña.

**Morsa**

Cuando se sumerge en aguas heladas, una gruesa capa de grasa la mantiene caliente.

El lemming es el principal alimento del búho nival; come hasta 5 al día.

**Búho nival**

**Liebre ártica**

Su pelaje blanco inmaculado hace que esta liebre sea casi invisible en la nieve.

**Zorro ártico**

En invierno, este zorro es blanco. Se esconde en la nieve para cazar liebres árticas.

**Ubicación**

El Ártico cubre el extremo norte de Europa, Asia y América del Norte. En invierno, la temperatura baja hasta -68 °C

## Foca arpa

Estas focas reciben el nombre del dibujo del lomo, parecido a este instrumento musical. Nacen blancas y se oscurecen a las tres semanas.

## Zorro ártico

En verano, el zorro ártico se despoja de su pelaje blanco y se vuelve gris-marrón para mimetizarse con el entorno.

Una foca arpa adulta vigila a su cría de pelaje blanco.

**87**

### Sepia común

La sepia cambia de color para mimetizarse con su entorno y comunicarse con otras sepias. Tiene tres corazones, dos de ellos bombean sangre a las branquias y el tercero, a todo el cuerpo.

*La sepia está emparentada con calamares y pulpos.*

*Para reproducirse, el salmón real remonta el río donde nació y desova en agua dulce. Luego regresa al mar.*

**Salmón real**

*Las sardinas crecen hasta 30 cm de largo y nadan en grandes bancos para protegerse.*

**Sardinas**

**Orca**

*La raya más grande del mundo, la mantarraya, puede alcanzar 7 m de envergadura y pesa hasta 2 toneladas.*

*Al crecer, el bogavante cambia la piel, un proceso llamado muda. Cuando es adulto, ha aumentado de tamaño 100 000 veces.*

*La orca es la especie de delfín más grande del mundo. Tiene dientes de hasta 10 cm de largo.*

**Mejillón azul**

**Mantarraya**

**Bogavante americano**

*El mejillón azul es una de las especies de marisco más resistentes: puede sobrevivir en aguas oceánicas muy frías o muy cálidas.*

*La comida favorita de este tiburón es la raya. La retiene usando un lado de su martillo para evitar su picadura mientras se alimenta.*

**Tiburón martillo gigante**

**Atún de aleta amarilla**

*Un solo atún de aleta amarilla puede pesar hasta 400 kg, aunque lo más común son unos 176 kg.*

*El caballito de mar mueve los ojos de forma autónoma, y así detecta depredadores o presas más fácilmente.*

**Caballito de mar**

OCÉANO PACÍFICO

*El pez balón utiliza un apéndice brillante en la cabeza para atraer a las presas más cercanas.*

**Pez balón**

# MARES Y OCÉANOS

El agua cubre el 70 % de la superficie de la Tierra. Miles de especies viven en o cerca de mares y océanos, desde el diminuto plancton a la enorme ballena azul.

OCÉANO ATLÁNTICO

**Ballena azul**

*La ballena azul mide casi como un jumbo. Pesa dos veces más que el mayor dinosaurio conocido.*

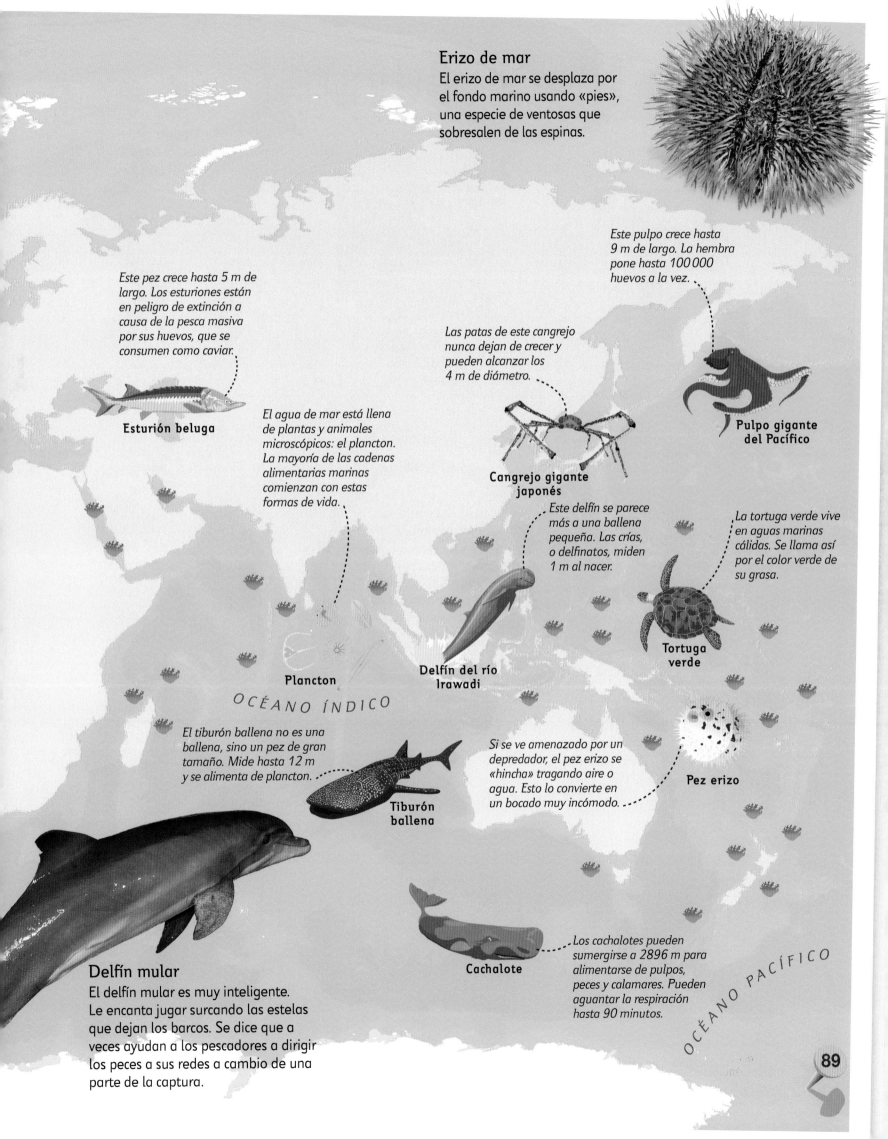

## Erizo de mar

El erizo de mar se desplaza por el fondo marino usando «pies», una especie de ventosas que sobresalen de las espinas.

*Este pulpo crece hasta 9 m de largo. La hembra pone hasta 100 000 huevos a la vez.*

*Este pez crece hasta 5 m de largo. Los esturiones están en peligro de extinción a causa de la pesca masiva por sus huevos, que se consumen como caviar.*

*Las patas de este cangrejo nunca dejan de crecer y pueden alcanzar los 4 m de diámetro.*

**Pulpo gigante del Pacífico**

**Esturión beluga**

*El agua de mar está llena de plantas y animales microscópicos: el plancton. La mayoría de las cadenas alimentarias marinas comienzan con estas formas de vida.*

**Cangrejo gigante japonés**

*Este delfín se parece más a una ballena pequeña. Las crías, o delfinatos, miden 1 m al nacer.*

*La tortuga verde vive en aguas marinas cálidas. Se llama así por el color verde de su grasa.*

**Tortuga verde**

**Plancton**

**Delfín del río Irawadi**

OCÉANO ÍNDICO

*El tiburón ballena no es una ballena, sino un pez de gran tamaño. Mide hasta 12 m y se alimenta de plancton.*

*Si se ve amenazado por un depredador, el pez erizo se «hincha» tragando aire o agua. Esto lo convierte en un bocado muy incómodo.*

**Pez erizo**

**Tiburón ballena**

## Delfín mular

El delfín mular es muy inteligente. Le encanta jugar surcando las estelas que dejan los barcos. Se dice que a veces ayudan a los pescadores a dirigir los peces a sus redes a cambio de una parte de la captura.

**Cachalote**

*Los cachalotes pueden sumergirse a 2896 m para alimentarse de pulpos, peces y calamares. Pueden aguantar la respiración hasta 90 minutos.*

OCÉANO PACÍFICO

# ¿SABES LA RESPUESTA?

Esta zona del norte de África es el mayor desierto del mundo.

**1**

**2**

Esta zona de matorral recibe el nombre de su mar limítrofe.

Esta pradera se extiende por Canadá y Estados Unidos.

**3**

**10**

En esta conocida cordillera europea hay lagos, glaciares, praderas y bosques.

## ¿QUÉ HÁBITAT ES?

Estos son algunos de los hábitats e islas que aparecen en este atlas. ¿Sabes cuáles son? Para ayudarte tienes algunas pistas. Las respuestas están en la página 91.

**4**

Este país lo forman dos grandes islas y muchas otras más pequeñas.

Este desierto del sur de África recibe lluvia suficiente para que crezca vegetación.

**9**

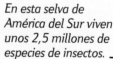

En esta selva de América del Sur viven unos 2,5 millones de especies de insectos.

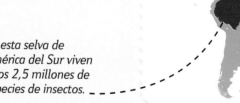

**5**

**8**

Estas islas volcánicas reciben el nombre de uno de sus animales endémicos.

La selva tropical de esta zona es una de las más antiguas de la Tierra.

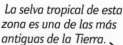

**7**

**6**

Este continente de la parte inferior de la Tierra es el más frío.

# ¿QUÉ ANIMAL ES?

Las respuestas a todas estas preguntas aparecen en el libro. Puedes comprobarlas en la parte inferior de esta página.

1. ¿Qué gran felino es el más pequeño?

2. ¿Qué animal marino tiene los ojos más grandes que cualquier otro?

3. ¿Cuántas hormigas come en una noche un cerdo hormiguero?

4. ¿De qué color, además de azul, puede ser la rana arborícola mediterránea?

5. ¿Cuánto tiempo vive una mariquita de siete puntos?

6. ¿En qué cordillera vive el oso de anteojos?

7. ¿Cuánto miden los cuernos de la cabra montés?

8 ¿Qué animal tiene excrementos en forma de cubo?

9 . ¿Dónde vive el monstruo de Gila?

10. ¿Cuál es la mayor tortuga de África?

11. ¿En qué zona vive el mandril?

12. ¿Qué gran lagarto confía en su velocidad para escapar?

13. ¿Qué ave tiene dos plumas en la cola el doble de largas que su cuerpo?

14. ¿Qué ballena tiene un colmillo de hasta 3 m de largo?

15. ¿En qué isla vive el lémur de cola anillada?

16. ¿Cuál es el ave voladora que más pesa?

17. ¿Cuál es la araña que más pesa?

18. ¿Qué pingüino pone huevos en el bosque?

19. ¿Qué mariposa migra del norte de América a México?

20. ¿Qué murciélago bebe la sangre de otros animales?

21. ¿Cuánto pueden crecer los colmillos del tigre indio?

22. ¿Qué rana puede saltar de un árbol a otro?

23. ¿Qué escarabajo tiene mandíbulas como cuernos de ciervo?

**Respuestas: Página 90 ¿Qué hábitat es?:** 1. Desierto del Sáhara (pp. 36-37), 2. Matorral mediterráneo (pp. 56-57), 3. Grandes Llanuras (pp. 72-73), 4. Nueva Zelanda (p. 12), 5. Amazonia (pp. 22-23), 6. Antártida (pp. 84-85), 7. Sudeste Asiático (p. 29), 8. Galápagos (p. 68), 9. Kalahari (p. 42), 10. Los Alpes (p. 54).

**Página 91 ¿Qué animal es?:** 1. Pantera nebulosa (p. 85), 2. Calamar colosal (p. 42), 3. 50 000 (p. 51), 4. Verde (p. 56), 5. Un año (p. 51), 6. Los Andes (p. 24), 7. 75 cm (p. 55), 8. Wombat (p. 79), 9. Desiertos del oeste americano (p. 14), 10. Tortuga de espolones africano (p. 37), 11. Cuenca del Congo (p. 38), 12. Ameiva gigante (p. 43), 13. Madagascar (p. 55), 14. Narval (p. 87), 15. Madagascar (p. 43), 16. Avutarda (p. 55), 17. Tarántula gigante (p. 23), 18. Pingüino de ojo amarillo (p. 81), 19. Mariposa monarca (p. 11), 20. Murciélago vampiro (p. 17), 21. 10 cm (p. 72), 22. Rana de Wallace (pp. 22-23), 23. Escarabajo ciervo (p. 52).

# GLOSARIO

**anfibio**
Animal de sangre fría que vive tanto en tierra como en el agua, como las ranas y los tritones.

**arrecife de coral**
Estructura rocosa formada por animales coralinos en aguas poco profundas de las costas.

**ave**
Animal de sangre caliente con plumas y pico. Muchas pueden volar, como las águilas.

**caducifolio**
Árbol que pierde las hojas en otoño o en la estación seca.

**clima**
Condiciones atmosféricas características de una región del mundo.

**conífera**
Tipo de árbol de hojas perennes en forma de aguja y frutos en piñas.

**continentes**
Siete áreas de tierra en que se divide el mundo: África, América del Norte, América del Sur, Antártida, Asia, Australasia y Europa.

**depredador**
Animal que caza otros animales.

**desierto**
Región seca, cálida o fría que recibe muy poca lluvia al año.

**ecuador**
Línea imaginaria alrededor del centro de la Tierra.

**especie**
Grupo de animales o plantas que comparten características.

**especie amenazada**
Especie animal o vegetal de la que quedan pocos ejemplares.

**especie extinta**
Especie animal o vegetal de la que ya no hay ejemplares vivos.

**hábitat**
Entorno en el que vive un animal o una planta.

**hibernación**
Estado similar al sueño en el que algunos animales pasan el invierno.

**humedal**
Terreno con suelo húmedo y esponjoso, como marismas y pantanos.

**invertebrado**
Animal de sangre fría sin columna vertebral, como insectos, arañas o sepias.

**isla**
Porción de tierra rodeada de agua.

**llanura**
Terreno llano con pocos árboles, a menudo cubierto de hierba.

**mamífero**
Animal de sangre caliente que tiene pelo y alimenta a sus crías con leche, como los ratones.

**manglar**
Zona con árboles que viven en aguas saladas y con raíces en forma de zancos.

**marsupial**
Mamífero que mantiene a sus crías en una bolsa.

**matorral**
Zona cubierta de hierba, árboles bajos y arbustos.

**meseta**
Planicie extensa a cierta altura sobre el nivel del mar.

**migración**
Desplazamiento de un gran número de animales de una zona a otra en busca de alimento y de un clima más favorable.

**montaña**
Elevación natural de un terreno en relación con la tierra a su alrededor.

**nativo**
Se dice de un animal que procede de una zona o país determinados.

**nocturno**
Se dice de un animal que está despierto por la noche.

**océano**
Mar muy grande. Hay cinco océanos: Pacífico, Atlántico, Índico, Ártico y Antártico.

**parque nacional**
Terreno natural acotado y protegido por las leyes para preservar su flora y su fauna, y para disfrute de la gente.

**pez**
Animal de sangre fría que vive en el agua y tiene aletas, como el salmón.

**praderas templadas**
Grandes extensiones de hierba en regiones con estaciones frías y cálidas, como prados y estepas.

**praderas tropicales**
Grandes extensiones de hierba en zonas cálidas todo el año, como la sabana.

**presa**
Animal cazado como alimento.

**regiones polares**
Zonas situadas dentro de los círculos polares. Están cubiertas de nieve y hielo casi todo el año.

**regiones templadas**
Zonas con estaciones situadas entre las regiones tropicales y polares.

**regiones tropicales**
Zonas cálidas todo el año, cercanas al ecuador, situadas entre los trópicos.

**reptil**
Animal de sangre fría y piel seca y escamosa, como serpientes y tortugas.

**selvas tropicales**
Bosques espesos con muchas precipitaciones. La mayoría están cerca del ecuador. Son muy calurosas.

**taiga**
Zona de bosques fríos de coníferas cerca del círculo polar ártico.

**tundra**
Llanuras frías y desarboladas cerca del círculo polar ártico.

# ÍNDICE

# CRÉDITOS

Dorling Kindersley agradece al Dr. Don E. Wilson, conservador emérito del Departamento de Zoología de Vertebrados del National Museum of Natural History, Smithsonian, su asesoramiento experto.

Los editores agradecen también a las personas siguientes su ayuda en la preparación de este libro: Kealy Gordon y Ellen Nanney del Smithsonian; Helen Peters por el índice; Polly Goodman por la revisión; Joylon Goddard y Katy Lennon por la edición adicional, y Jagtar Singh y Sachin Singh por el diseño adicional.

**Créditos de las imágenes:**
Los editores agradecen el permiso para reproducir sus fotografías a:

(Clave: a: arriba; b: bajo/debajo; c: centro; d: derecha; e: extremo; i: izquierda; s: superior)

**8 Alamy Stock Photo:** John Hyde / Design Pics Inc (c). **iStockphoto.com:** ericfoltz (bi); Pawel Gaul (ci). **9 iStockphoto.com:** John_Wijsman (sd); OGphoto (cd). **11 Alamy Stock Photo:** Danny Green / Nature Picture Library (si); Vl_K (sd). **Dorling Kindersley:** Jerry Young (bd). **12 123RF.com:** wrangel (bd). **Corbis:** Ocean (ci). **13 123RF.com:** Marie-Ann Daloia (cd). **Dorling Kindersley:** Jerry Young (si). **14 Alamy Stock Photo:** Wayne Lynch / All Canada Photos (sc). **SuperStock:** Cyril Ruoso / Minden Pictures (ci). **16 Fotolia:** Eric Isselee (ci). **17 Photolibrary:** Photodisc / Tom Brakefield (sd). **18 Alamy Stock Photo:** WaterFrame_eda (ci). **Dorling Kindersley:** Jerry Young (cd). **Dreamstime.com:** Brian Lasenby (cb). **Getty Images:** Joe McDonald / Corbis Documentary (bi). **18-19 Getty Images:** Tim Graham / Getty Images News. **19 Alamy Stock Photo:** George Grall / National Geographic Creative (bi). **iStockphoto.com:** FernandoAH (si); madcorona (cdb); hakoar (sd); ygluzberg (ci). **20 Alamy Stock Photo:** Denis-Huot Michel / hemis.fr / Hemis (bi). **iStockphoto.com:** Marcelo Horn (ci). 21 **123RF.com:** belikova (b). **Alamy Stock Photo:** blickwinkel / Wothe (cd). **iStockphoto.com:** Magaiza (sd). **22 iStockphoto.com:** Leonardo Prest Mercon Ro / LeoMercon (ci). **23 123RF.com:** Anan Kaewkhammul (bd). **Alamy Stock Photo:** Amazon-Images (cda). **24 SuperStock:** Albert Lleal / Minden Pictures (sc). **25 Dorling Kindersley:** Blackpool Zoo (bd). **iStockphoto.com:** webguzs (bi). **26 SuperStock:** Juniors (ci). **27 Alamy Stock Photo:** Johner Images (sd). **Dorling Kindersley:** Gary Ombler (bd). **28 123RF.com:** Francisco de Casa Gonzalez (bd); Ondřej Prosický (sd). **Alamy Stock Photo:** James Brunker (bi). **29 123RF.com:** mark52 (bi). **Alamy Stock Photo:** Reinhard Dirscherl (cd). **30 Dorling Kindersley:** Greg Dean / Yvonne Dean (ci). **31 naturepl.com:** Luiz Claudio Marigo (bd). **SuperStock:** Minden Pictures (cda). **32 123RF.com:** Martin Otero (ci). **Dorling Kindersley:** Hanne Eriksen / Jens Eriksen (ecdb); Prof. Marcio Motta (cb). **Dreamstime.com:** Jeremy Richards (bi). **33 123RF.com:** Martin Schneiter (c). **Dorling Kindersley:** E. J. Peiker (sd). **Dreamstime.com:** Musat Christian (cd). **SuperStock:** Glenn Bartley / All Canada Photos (bi, si). **34 Alamy Stock Photo:** Michele Burgess (bc); Lars Johansson (ci). **35 Alamy Stock Photo:** Ange (bd); Aivar Mikko (sc). **iStockphoto.com:** helovi (cda). **36 Dorling Kindersley:** Jerry Young (bd). **38 Dorling Kindersley:** Liberty's Owl, Raptor and Reptile Centre, Hampshire, Reino Unido (bi). **39 123RF.com:** Andrey Gudkov (cd); Jatesada Natayo (sd). **41 123RF.com:** pytyczech (bc). **Alamy Stock Photo:** Andrew Mackay (d). **42 Dorling Kindersley:** Wildlife Heritage Foundation, Kent, Reino Unido (bi). **Dreamstime.com:** Artushfoto (ftr). **SuperStock:** Alexander Koenders / NiS / Minden Pictures (sd). **43 Alamy Stock Photo:** Travel Africa (ci); Eric Nathan (bd). **Dreamstime.com:** Faunuslsd (bi). **44 Depositphotos Inc:** Meoita (cb). **Dorling Kindersley:** Blackpool Zoo, Lancashire, Reino Unido (cdb). **Dreamstime.com:** Lauren Pretorius (bi). **SuperStock:** Biosphoto (ci); Roger de la Harpe / Africa (c). **45 Dorling Kindersley:** Suzanne Porter / Rough Guides (ecda). **Dreamstime.com:** Clickit (c); Ecophoto (sd); Rixie (cda); Mark De Scande (cd); Fabio Lamanna (bc). **iStockphoto.com:** nimu1956 (cib). **47 Alamy Stock Photo:** Images & Stories (cd). **iStockphoto.com:** misterbike (sd); vencavolrab (bc). **49 Dorling Kindersley:** ZSL Whipsnade Zoo (sd). **Dreamstime.com:** Anagram1 (si). **SuperStock:** Juniors (bd). **50 123RF.com:** Piotr Krześlak (sc). **51 Dorling Kindersley:** Hoa Luc (bd). **52 Dorling Kindersley:** British Wildlife Centre, Surrey, Reino Unido (bi). **53 123RF.com:** alucard21 (sd). **Dorling Kindersley:** Rollin Verlinde (bi). **54 Dorling Kindersley:** British Wildlife Centre, Surrey, Reino Unido (bi). **iStockphoto.com:** mauribo (bd). **55 Dreamstime.com:** Mikelane45 (cdb). **SuperStock:** Kurt Kracher / imagebro / imageBROKER (sd). **57 Dreamstime.com:** García Juan (sd); Rosemarie Kappler (si). **58 Dorling Kindersley:** British Wildlife Centre, Surrey, Reino Unido (cd, c); Jerry Young (ci). **Dreamstime.com:** Valentino2 (bi). **58-59 Alamy Stock Photo:** Aleksander Bolbot. **59 123RF.com:** alein (sc); Alexey Sokolov (bi). **Dorling Kindersley:** Rollin Verlinde (ftr). Fotolia: Eric Isselee (cd). **60 Alamy Stock Photo:** Danita Delimont / Gavriel Jecan (ci); Ethiopia / Panther Media GmbH (bi). **iStockphoto.com:** Danielrao (sd). **61 Alamy Stock Photo:** Art Wolfe / Cultura RM (cd). **iStockphoto.com:** fotoVoyager (sd). **62 123RF.com:** Sergey Krasnoshchokov (ci). **Dorling Kindersley:** Blackpool Zoo (bi). **63 Dreamstime.com:** Silviu Matei (si). **iStockphoto.com:** Gerdzhikov (bd). **64 Dorling Kindersley:** Twan Leenders (sd). **65 Dreamstime.com:** Dmytro Pylypenko (si). **66 Dreamstime.com:** Rudra Narayan Mitra (bc). **67 Dorling Kindersley:** Connor Daly (sd); Wildlife Heritage Foundation, Kent, Reino Unido (b). **68 Dreamstime.com:** Vasiliy Vishnevskiy (bi). **iStockphoto.com:** Biscut (ci). **69 Dorling Kindersley:** Jerry Young (bd). **70 123RF.com:** Shlomo Polonsky (bi); wrangel (bd). **Alamy Stock Photo:** blickwinkel / McPHOTO / MAS (sd). **71 123RF.com:** tonarinokeroro (cda). **SuperStock:** Biosphoto (bd). **72 Dreamstime.com:** Phittavas (si). **73 123RF.com:** aquafun (sd). **74-75 Alamy Stock Photo:** David Tipling Photo Library. **74 Dreamstime.com:** Evgovorov (bi). naturepl.com: Roland Seitre (cb). **SuperStock:** Biosphoto (cra, cr); Pete Oxford / Minden Pictures (cdb); Stock Connection (ci). **75 Dreamstime.com:** Mikelane45 (sc); Maxim Petrichuk (bi). **iStockphoto.com:** muha04 (cda). **SuperStock:** Biosphoto (ca). **76 Alamy Stock Photo:** David Foster (cib); Schöttger / mauritius images GmbH (cia); Frans Lanting Studio (bc). **77 Alamy Stock Photo:** WaterFrame_fba (sd). **SuperStock:** Roland Seitre / Minden Pictures (si). **78 Alamy Stock Photo:** FLPA (bd). **79 Fotolia:** Eric Isselee (bd). **80 Getty Images:** Robin Bush / Oxford Scientific (bi). **81 123RF.com:** petervick167 (si). **82 123RF.com:** Daniel Poloha (bd). **Alamy Stock Photo:** Barry Brown / DanitaDelimont.com / Danita Delimont (c). **Dreamstime.com:** Izanbar (ci). **iStockphoto.com:** LeventKonuk (bi). **SuperStock:** Fred Bavendam / Minden Pictures (sd); Ron Offermans / Buiten-beeld / Minden Pictures (cd). **82-83 Alamy Stock Photo:** Norbert Probst / imageBROKER. **83 123RF.com:** antos777 (cia). **Alamy Stock Photo:** Reinhard Dirscherl (bd). **Dreamstime.com:** Carol Buchanan (bc); Apidech Ninkhlai (sc); Whitcomberd (sd). **SuperStock:** Fred Bavendam / Minden Pictures (cib, esi, si); D. Parer & E. Parer-Cook / Minden Pictures (ebi). **84 Alamy Stock Photo:** David Osborn (bi). **85 Getty Images:** Bill Curtsinger / National Geographic (sd); David Tipling / Digital Vision (bd). **86 123RF.com:** Ondřej Prosický (cia). **87 Alamy Stock Photo:** Arco / G. Lacz / Arco Images GmbH (sd). **Dorling Kindersley:** Jerry Young (bd). **88 iStockphoto.com:** BulentBARIS (sc). **89 Dreamstime.com:** Igor Dolgov (sd).

Resto de las imágenes © Dorling Kindersley

Para información adicional ver: **www.dkimages.com**